Minha vida com uma amiga de quatro patas

Lauren Fern Watt

Minha vida com uma amiga de quatro patas

Tradução
Carolina Leocadio

1ª edição

Rio de Janeiro | 2021

CIP-BRASIL. CATALOGAÇÃO NA PUBLICAÇÃO
SINDICATO NACIONAL DOS EDITORES DE LIVROS, RJ

W34m

Watt, Lauren Fern
Minha vida com uma amiga de 4 patas : a lista de desejos caninos
de Gizelle / Lauren Fern Watt ; tradução Carolina Leocadio. - 1. ed.
- Rio de Janeiro : BestSeller, 2021.

Tradução de: Gizelle's bucket list
ISBN 978-65-5712-121-4

1. Watt, Lauren Fern. 2. Mastiff (Cão) - Biografia. 3. Donos de cães
- Nova York - Biografia. 4. Relação humano-animal. I. Leocadio,
Carolina. II. Título.

CDD: 926.367
CDU: 929:636.7

21-71492

Leandra Felix da Cruz Candido - Bibliotecária - CRB-7/6135

Texto revisado segundo o novo Acordo Ortográfico da Língua Portuguesa.

Título original:
Gizelle's Bucket List: My Life with a Very Large Dog

Copyright © Lauren Fern Watt, 2017
Copyright da tradução © 2021 by Editora Best Seller Ltda.

Adaptação da capa original: Renata Vidal

Todos os direitos reservados. Proibida a reprodução,
no todo ou em parte, sem autorização prévia por escrito da editora,
sejam quais forem os meios empregados.

Direitos exclusivos de publicação em língua portuguesa para o Brasil
adquiridos pela
EDITORA BEST SELLER LTDA.
Rua Argentina, 171, parte, São Cristóvão
Rio de Janeiro, RJ – 20921-380
que se reserva a propriedade literária desta tradução

Impresso no Brasil

ISBN 978-65-5712-121-4

Seja um leitor preferencial Record.
Cadastre-se no site www.record.com.br e receba informações
sobre nossos lançamentos e nossas promoções.

Atendimento e venda direta ao leitor
sac@record.com.br ou (21) 2585-2002

Para meu pai, por me ensinar a "aguentar firme".

Sumário

Nota da autora   9
Prólogo   11

Parte I   Encantada
1 Uma filhotona   17
2 Irmandade   27
3 Fazendo listas   37
4 Manhattan   45
5 Times Scare   55
6 Garota trabalhadora   67
7 Conheça um rapaz   79
8 O parque para cães   93
9 O mancar   113
10 Pé na estrada   125
11 A descoberta   135

Parte II   A lista de desejos
12 O píer   145
13 A lista de uma cachorra   151
14 As folhas caem   159
15 Uma nevasca   169
16 Deixar ir   181
17 Corra   191

Epílogo: Leve com você   201
Agradecimentos   205

Nota da autora

Enquanto escrevia este livro, consultei diários, conversei com familiares e amigos que aparecem na história e refleti sobre as lembranças de como foi crescer ao lado de uma cachorra gigante como Gizelle. O livro contempla cerca de sete anos da minha vida, por isso foi necessário selecionar os acontecimentos essenciais para esta narrativa, e outros tiveram que ficar de fora. Alguns nomes e características que poderiam ser usados para identificar as pessoas que aparecem neste livro foram modificados.

Prólogo

O despertador do celular tocou e estiquei o braço para adiar o alarme. Voltei a acomodar a cabeça no travesseiro e o despertador tocou outra vez. Com um olho semiaberto, deslizei o dedo na tela. "Merda! Merda! Merda!" Saltei da cama, puxei uma camiseta de corrida da pilha de roupas, calcei meus tênis e voei pela porta.

Corri para a estação Astor Place, peguei o metrô até o Central Park e disparei para a tenda de inscrição. Ao chegar, sem fôlego, fui recebida por uma mulher com unhas vermelhas compridas e uma sobrancelha arqueada.

— Querida, você está vinte minutos atrasada.

— Mas é uma das minhas corridas classificatórias para a Maratona de Nova York — implorei. — Só preciso *terminar* essa corrida. Por favor, *por favor*, me deixe correr.

Ela pôs as mãos na caixa de plástico com os números e apertou os lábios:

— A corrida já começou.

Ao sair da tenda, meus olhos se encheram de lágrimas. *Não chore. Não chore. Não chore. Não aqui, Lauren. Não no Central Park.* Mas eu não tinha como controlar. Assim que pisquei, as lágrimas começaram a cair.

De cabeça baixa, vaguei pelo parque até a Bethesda Fountain, onde eu e Gizelle gostávamos de ver os barcos a remo no lago. Ela estava com um problema na pata traseira esquerda, e as escadas do meu edifício sem elevador seriam demais para o estado em que ela estava. Então dois amigos que moravam em uma casa térrea no Maine tinham se oferecido para cuidar dela por algumas semanas. Assim pude voltar à cidade e continuar trabalhando, mas era triste ficar sem Gizelle. Caitlin e John disseram que ela estava melhorando, evitando usar as patas e aceitava tomar os remédios numa boa. Ela voltaria para Nova York assim que estivesse bem... ao menos era isso que eu esperava. Por outro lado, não tinha tanta certeza. Sempre que eu pensava em Gizelle mancando, um medo terrível se instalava em mim.

Respirei fundo e enxuguei o rosto com a camiseta. *Tudo bem, Lauren. Só porque você perdeu uma corrida não quer dizer que não pode fazer a sua própria. Você ainda pode correr seus quilômetros.* Limpei as lágrimas e comecei a acelerar. Subi as escadas e passei pelos olmos, imaginando que as patas gigantes de Gizelle corriam ao meu lado como sempre fizeram antes de ela começar a mancar. Disparei ao redor do lago dos patos, contornei a escultura da Alice no País das Maravilhas, depois saí do parque e cheguei à Quinta Avenida.

Continuei correndo. O calor do chão de concreto subiu pelas minhas pernas. Aquele dia teria sido quente demais para Gizelle, mas isso não me impedia de imaginá-la ao meu lado. Quando eu fechava os olhos, quase conseguia ouvir o som de suas patas junto a mim. Eu percorria a Quinta Avenida cada vez mais rápido, desviando da multidão típica de um sábado agitado em Manhattan e me sentindo melhor a cada passo.

Consegui chegar à 7th Street, cruzei a Avenue A e pensei em correr mais dois ou três quilômetros até a East River Promenade, mas em vez disso parei na frente do meu prédio. Expirei e apoiei as mãos nos joelhos. Expirei. Expirei. Expirei. Tirei meu celular da braçadeira de corrida e só então vi que havia três chamadas perdidas e uma mensagem de voz. Era Caitlin, pedindo que eu ligasse para ela imediatamente. Era sobre Gizelle.

Subi as escadas do edifício quase sem fôlego. *Talvez Caitlin tenha ligado para falar da comida e dos remédios...* O veterinário tinha enviado a receita de alguns remédios direto para a farmácia, e talvez eles estivessem com dificuldade para buscá-los. Meu rosto estava vermelho depois de correr quatro quilômetros, eu nem tinha tirado os tênis, e meu coração

PRÓLOGO

batia disparado. Abri a porta do meu apartamento, vi a cama de Gizelle vazia e encarei o celular, tentando reunir coragem para ligar. *É só ligar, Lauren. Está tudo bem.*

Gizelle tinha entrado na minha vida tão rápido, em um dia de verão no Tennessee, seis anos antes. Naquela época em que meus pais ainda estavam juntos, antes de eu me mudar para Nova York, antes de começar a correr. Gizelle havia se tornado minha nova melhor amiga muito rápido, mas ela era bem mais do que isso.

Retornei a ligação.

Parte I

Encantada

Um

Uma filhotona

Prometemos que íamos só dar uma *olhada*.

Minha mãe e eu estávamos sentadas no estacionamento de uma farmácia na Franklin Road. Eram 10h e o clima já estava úmido em Brentwood, no subúrbio de Nashville, onde cresci. Pelo para-brisa víamos uma fileira de árvores, e estávamos com a cara afundada nos classificados do jornal *The Tennessean*, fazendo compras na nossa seção favorita: a de filhotes.

Não tínhamos por que pesquisar na seção de filhotes naquele dia. Já tínhamos duas cachorras em casa, Yoda e Bertha, sem falar em uma série de outras criaturas e um problema de família complicado que eu duvidava que um filhotinho conseguiria resolver.

— Um labrador? — sugeri, dando uma mordida no meu bagel.

Mamãe balançou a cabeça, também com a boca cheia. E fez um sinal para cima com o polegar. *Maior!*

— Um coonhound?

— Errr... — Ela pensou um pouco. — Esse não é o mascote da Universidade do Tennessee ou algo assim, querida?

Ela tinha razão. O coonhound, com sua papada e orelhas caídas, era o mascote dos Vols, o time de futebol americano da Universidade do Tennessee — na qual eu ia começar a estudar no outono seguinte, como caloura transferida. Comprar um cachorro igual ao mascote do time não ia me fazer parecer desesperada demais para ser aceita? Depois de pensarmos a mesma coisa, nossos olhares se cruzaram e sorrimos.

Desde que eu voltara para casa, naquele verão, minha mãe vinha me chamando para conversar pela manhã, sugerindo uma passadinha na Starbucks e na padaria Bruegger's algumas vezes por semana: bagels para viagem e qualquer bebida ultra-açucarada a base de café. Depois, parávamos em um estacionamento vazio a quilômetros de distância da mesa da nossa cozinha. Assim podíamos "conversar". Só nós duas.

E, no caso da minha mãe, nossas conversas se resumiam a ela pedir desculpas e me lembrar de que estava "Totalmente, 100%, bem". Então ela olhava para baixo, esperando o meu "Está certo. Tudo bem! Eu acredito em você" de sempre. E seguíamos em frente — mesmo que não estivesse tudo bem e eu não soubesse mais no que acreditar.

Minha mãe era a minha melhor amiga; é claro que eu queria acreditar nela. Ela costumava escrever recados e colocar com meu lanche até o fim do meu ensino médio (às vezes incluindo glitter), dizia que sereias existiam, comprava para minha irmã mais nova, Erisy, e para mim roupas de que não precisávamos. "Não conte para o papai", sussurrava ela com sua voz suave, fina e melodiosa (que eu herdei), antes de nos mandar ir logo para o nosso quarto com as sacolas de compras. Ela encarava tudo como se fosse divertido, e se não houvesse nada de divertido em algum detalhe da vida, ela inventava a diversão.

Naquela manhã de sábado o rosto da minha mãe parecia iluminado pela fixação em comprar um filhote de cachorro. Estávamos sentadas no carro. Paradas. Mas parecia que estávamos em movimento. Meu frappuccino suava no porta-copo, as engrenagens da cabeça da minha mãe giravam, certamente maquinando o que ela poderia fazer para compensar pela noite anterior. Ela virou a cabeça e me encarou.

— Sabe o que *eu* quero fazer hoje? — Ela se recostou e sorriu. — Precisamos de mais um cachorro.

Ela deu um gole no copão de café.

UMA FILHOTONA

— Eu adoraria dar um cachorro grande para você. Somos o tipo de família que tem um cachorro grande. É *muito* a sua cara ter um cachorro grande, querida.

Eu nem sabia o que significava ter cara de quem tem um cachorro grande, mas não liguei para isso. Coloquei meu bagel no painel, larguei meu frappuccino derretendo e fui logo pegar o jornal.

Espalhamos o jornal por toda a parte da frente do carro, cobrindo nosso colo e o painel com aquelas páginas acinzentadas.

Um pastor-alemão?

Ativo e brincalhão, seria uma opção legal. Mas será que um pastor ia se dar bem com as nossas outras cachorras? Tínhamos que pensar em Yoda e Bertha.

Um goldendoodle?

São lindos, mas estávamos pensando em um cachorro grande. *Grande* mesmo.

Um cão dos pirineus...

Ah, esse, sim, era grande, mas não teria pelos demais?

Um boxer?

Nós conhecíamos muito bem a raça. Tínhamos amado e perdido dois boxers quando eu era mais nova.

E, quando estávamos prestes a ligar para o número em um anúncio de mestiços de husky com labrador, minha mãe bateu o dedo no jornal, afundando ele no colo ainda mais.

— FILHOTES DE MASTIM INGLÊS!

Existe um ditado no universo dos mastins: "O mastim está para o cachorro assim como o leão está para o gato." Eles são vigorosos, gentis e conhecidos pela lealdade. Também são conhecidos como a maior raça de cães do planeta. Um mastim inglês chamado Aicama Zorba bateu o recorde de maior cachorro do mundo, com quase 160kg. É o peso de um burrinho. Então não surpreende que os gregos e romanos da Antiguidade os usassem como cães de guerra. Os mastins chegaram a lutar no Coliseu, ao lado dos gladiadores.

Minha mãe pôs o telefone no viva-voz enquanto chamava. Eu estava tão empolgada que quase não conseguia respirar enquanto esperava alguém atender.

— Alô? — disse uma mulher. Ela parecia ter sotaque do sul.

Mamãe perguntou se eles tinham uma fêmea.

Sim.

Perguntou se era malhada.

Sim.

Então minha mãe perguntou se podíamos ir ver (*ver*) os filhotes naquele dia.

Sim.

Naquela hora mesmo?

Sim.

Então, contrariando qualquer juízo e bom senso, pegamos a rodovia para ir *dar uma olhada.*

Nossa casa sempre teve um quê de zoológico. Na infância, meu irmão, minha irmã e eu tivéramos todo tipo de bichinho que o coração de uma criança pudesse desejar: peludos, com penas, viscosos, com conchas, até mesmo um que fazia *oinc*.

Se existe um gene para o amor pelos animais, eu o herdei da minha mãe. Aparentemente, quando eu era pequena, tinha o hábito de correr para a calçada depois que chovia para resgatar as minhocas, colocando-as de volta na terra para que não secassem. Isso pode parecer exagero, mas não era nada comparado ao histórico da minha mãe com animais.

Quando era criança (segundo ela), minha mãe encomendou crocodilos de um catálogo e os colocou dentro da banheira do próprio pai. "*Nós* podemos encomendar crocodilos?", eu implorava. E ela dizia: "Não, querida. Não é muito legal com os crocodilos. Eu não sabia disso quando peguei eles."

Acho que não seria um exagero afirmar que minha mãe vinha trazendo animais para casa havia mais de cinquenta anos. Geralmente sem perguntar a ninguém. Na verdade, tinha sido assim com as nossas outras duas cadelas. Um momento de extravagância, também em um anúncio de jornal. Yoda era a nossa chihuahua. Meu irmão mais velho, Tripp, se referia a ela como uma ratazana. Ela não era muito maior que um porquinho-da-índia, e só tinha cinco dentes, mas eu a amava. A principal companhia canina de Yoda era Bertha, nossa buldogue inglesa, que mais parecia uma mistura de porco com elefante-marinho encalhado. Ela tinha um rabinho cor-de-rosa engraçado que era torcido e lembrava um rolinho de canela preso no bumbum, por isso meus irmãos e eu a chamávamos de *Cinnamon Roll*. Em algum momento, o apelido mudou para Gordinha, e esse ficou para sempre. Gordinha preferia não fazer exercícios, tinha péssimos modos à mesa e roncava tão alto que chegava a acordar os vizinhos. Mesmo assim, nas noites de verão, com o canto dos grilos vindo da floresta atrás do nosso quintal, eu sentava e ficava olhando para Bertha enquanto cantava "You Are So Beautiful" para ela. Gordinha era a preferida do papai.

Sabe quando um casal decide engravidar, acreditando que de alguma forma um bebê vai salvar o casamento? Pode ter sido o que passou na cabeça da minha mãe quando ela decidiu que naquele dia pegaríamos um terceiro cachorro. *Um cachorro novo é um novo começo!* É recomeçar.

Então lá estávamos nós mais uma vez, recomeçando...

Duas horas depois, passamos pela saída da cidade de Sparta e seguimos por uma longa estrada de terra até uma casinha branca. Uma confusão de latidos graves vinha do quintal.

Uma mulher abriu a porta de tela.

— *Cês* vieram ver os filhotes de mastim? Pode entrar por aqui — disse ela, indicando para darmos a volta até os fundos.

Nós a seguimos até a parte de trás da casa, e aquele latido grave ia ficando cada vez mais perto. Uma longa sequência de latidos grossos e altos com pausas entre eles.

Comecei a me questionar se aquilo havia sido uma boa ideia. Senti uma pontada de raiva por ter me deixado convencer a embarcar naquela viagem possivelmente ridícula. Minha mãe achava mesmo que podia apagar a bebedeira da noite anterior com um filhote? Um cachorrinho era uma decisão muito séria. Uma decisão para ser tomada *em família.* Não devíamos falar com o papai? Uma onda de culpa me dominou quando imaginei meus pais ignorando um ao outro, ainda mais porque *eu* e minha mãe tínhamos levado mais um bicho para casa.

Entramos no quintal e mamãe apertou minha mão, empolgada. Os latidos ficaram mais altos.

— Ah, é só a Dozer!

A mulher espantou uma mosca do rosto.

— Não liguem para os latidos. Ela é um docinho.

Mas aquele latido era diferente de qualquer outro que eu já tinha ouvido. Era alto, forte e ameaçador, como se ela soubesse que havíamos chegado. Senti um frio na barriga. Andamos um pouco mais até um cercadinho de arame.

— Sobraram dois meninos e duas meninas — disse a mulher.

Dentro do cercadinho havia um emaranhado de quatro adoráveis filhotinhos de mastim. Tinham cabeças do tamanho de abacates e sua pelagem era tigrada, cheia de listras pretas borradas. Sob as listras, dois eram cor de chocolate, os outros eram um pouco mais claros, de um tom mais bege. As manchas escuras no rosto davam uma aparência de máscaras pretas, e um deles tinha uma manchinha branca no peito. Eles trotavam pela grama com as barriguinhas redondas e rabinhos grossos e davam patadas uns nos outros alegremente.

Passei com uma perna de cada vez sobre o cercado, sentei na grama e tentei relaxar. Minha mãe me acompanhou, sentando de pernas cruzadas do meu lado, e quando os filhotes nos escalaram, minha mãe abriu um sorriso enorme. Fizemos cócegas nas barriguinhas deles e deixamos que mastigassem nossos cadarços. Mamãe afundava o rosto em cima deles, beijando as cabeças e dizendo para cada um que era a coisa mais fofa que ela já tinha visto. Respirei fundo. Aos poucos, fui amolecendo. Talvez aquela aventura não fosse uma ideia tão terrível. A grama estava seca como palha, mas era toda salpicada de dentes-de-leão amarelos. Quando eu fecho os olhos e me lembro daquele dia, consigo vê-los. Dentes-de-leão amarelos e um cachorrinho tigrado. A minha cachorrinha.

A moça se abaixou para pegar o filhote, virando-o de costas para verificar suas partes íntimas.

— Olhe, esta aqui é menina — confirmou ela, enfiando a filhotinha no meu colo. Eu a ergui à minha frente, apoiando as mãos sob suas axilas. A pele dela era grande demais para o corpo, por isso meus dedos afundavam, e para mim estava tão óbvio que aquele filhote era fêmea que eu não acreditava que a mulher precisasse conferir. Eu a encarei nos olhos e ela me encarou de volta. A testa preta e enrugada e os olhos caídos conferiam a ela uma expressão de preocupação, fazendo-a parecer meio triste. Mas eu sabia que ela não estava, porque o rabo balançava. Ela era mais linda que uma margarida. A cachorrinha esticou o pescoço enrugado e mordiscou meu nariz. Mas fez isso com cuidado — delicada e intencionalmente —, por isso seus dentinhos afiados não me machucaram.

Mamãe apertou meu joelho.

— Lauren. Ai, meu Deus. Nós *temos* que levar essa aqui! Ela não é maravilhosa? Você quer ficar com ela?

Ela analisou meu rosto em busca de uma resposta. Dozer ainda latia, e do canto do olho eu a via atrás de um portão de metal a uns dez metros de distância. Sua cabeça era grande como a do Darth Vader, e quando ela latia uma baba cheia de espuma voava da boca e grudava na cerca.

Segurei o corpo quentinho da cachorrinha perto do rosto e ela lambeu minha bochecha. Aquele cheiro peculiar de hálito de filhote foi suficiente para derreter meu coração. Tudo o que eu queria era dizer sim.

— Mãe, eu amei essa. — Aquilo era verdade, mas uma parte de mim queria dizer *Vamos pensar com calma antes*. Ainda assim, eu sabia que, se não saíssemos de lá com aquela cachorrinha linda naquele dia, eu nunca mais a veria. Os olhos da minha mãe brilhavam de desespero.

— *Quero* que você fique com ela, querida. Eu ficaria tão feliz em dá-la para você. Me deixe comprar essa filhotinha para você!

MINHA VIDA COM UMA AMIGA DE QUATRO PATAS

Eu não compreendia muito bem a dinâmica da minha família na época, e, honestamente, àquela altura, com a cachorrinha no colo, e daí que eu estivesse sendo manipulada? Eu podia ter ligado e perguntado para o meu pai, mas ele me diria que comprar filhotes de um anúncio de jornal por impulso não soava como uma boa ideia. (E ele tinha toda razão. Por favor, não compre filhotes de um anúncio de jornal por impulso como nós fizemos. Além disso, por favor, considere a adoção.)

A cachorrinha quentinha mordiscou meu nariz outra vez, lambeu meu olho e depois lambeu minha boca. Então, engoli minhas preocupações e ignorei a parte do meu cérebro que dizia "Pense nas consequências!".

— *Tá bom!* Vamos levá-la!

Mamãe deu 150 dólares em dinheiro para a mulher, depois foi de carro até o caixa eletrônico de um posto de gasolina para sacar mais 250 dólares e ainda fez um cheque de 300 dólares (pagamos muitas compras feitas por impulso dessa forma). Joguei minha nova amiga no ombro, agradeci profundamente à mulher, olhei para Dozer pela última vez, e viajamos de volta para Brentwood com mais um grande membro da família.

— Que nome devemos dar para ela? — perguntou mamãe quando voltamos para o carro.

Eu queria que o nome fosse fofo e feminino, não um nome que mais parecia o de um trator, como o que deram para a mãe dela.

— Ela é uma menininha, uma princesa — falei, apertando-a contra o meu rosto.

— Que tal "Por favor, não se livre de mim, papai"? — disse minha mãe rindo e esticando a mão para acariciar as orelhas da filhotinha.

Ela ficava tão bem no meu colo. Eu olhava para ela e não conseguia acreditar que aquilo estava acontecendo de verdade. Anos depois, eu reconheceria esse olhar na forma como algumas das minhas amigas contemplavam suas alianças de noivado, como se suas vidas estivessem prestes a começar, como se enfim fossem viver suas aventuras. Era assim que eu me sentia com a cachorra no meu colo, encarando seus olhos redondos e brilhantes delineados por cílios pequeninos. Senti-me como se estivesse sob um feitiço, encantada. Espere aí. *Encantada*. (Eu devo ter visto esse filme da Disney um milhão de vezes.)

Giselle.

— Mãe! Que tal Giselle? Como a princesa do filme *Encantada*? — Giselle soava tão divertido e, por ser inspirado em uma personagem tão adorável e ingênua, parecia perfeito para aquela filhotinha inocente.

— Isso! Esse é o nome. Adorei! — vibrou minha mãe. Decidimos que escreveríamos com *z* para dar um toque a mais de ousadia.

— Oi, Gizelle! Oi, garotinha! — sussurrei, embalando-a nos braços como uma boneca. (Uma boneca robusta e do tamanho de um pug, mas com patas mais compridas.)

— O que vamos dizer para o papai? — perguntei, preocupada, enquanto acariciava as dobras de pele no pescoço de Gizelle. Mesmo que eu soubesse que, em relação àquele novo filhote, ele não ia ficar zangado. Papai era a pessoa mais paciente que eu conhecia, então ele provavelmente terminaria balançando a cabeça como quem diz "É claro que elas trouxeram mais um bicho para casa", e depois acabaria cuidando do tal bicho, como sempre fazia, com uma ligeira e silenciosa relutância. Mas ele ia superar aquilo. Ainda assim, minha mãe quis pensar em alguma forma de amansá-lo, por precaução. Algo que atenuaria o choque da chegada de um novo filhotinho. (Por acaso um filhotinho da maior raça do mundo.) Então bolamos um plano.

Encostamos o carro na longa estrada que levava até a nossa casa de tijolinhos sobre um morro. Quando entrei em casa, papai estava na sala praticando sua tacada de golfe em frente à TV. Como planejado, eu o cumprimentei e expliquei que tinha resgatado uma filhotinha de um lugar ali perto chamado Hospital Veterinário Noah's Ark. Falei que a adoção era de graça e que eu estava apenas dando um lar temporário enquanto procuravam uma nova casa para ela. Não podia deixá-la lá para morrer! Nem acreditei que tive a sorte de resgatá-la a tempo! Foi um milagre!

Papai me analisou com seu olhar intrigado, o taco ainda na mão. Normalmente, ele me passaria o taco número 9 e diria: "Me mostra sua

MINHA VIDA COM UMA AMIGA DE QUATRO PATAS

tacada suave, Fernie. Está ótima este ano!" Mas não foi o que ele fez. Não naquele dia. Em vez disso, ele observou o tamanho das patas gigantescas da filhotinha aninhada nos meus braços enquanto eu me esforçava para deixá-la em uma posição em que sua cabeça adorável e seus olhos de partir o coração causassem o maior efeito possível. Então ele me olhou de volta. Não soltou um furioso "Não, já temos duas cachorras e um peixe e sua mãe traz bichos demais para casa, leve de volta agora!", como os pais de muitos amigos meus fariam. Mas também não falou: "Isso, vamos cuidar dela até conseguir um lar permanente! É isso aí, Fernie!" Ele só disse "Ok", prolongando o "ei" final, quase como se estivesse fazendo uma pergunta. E, quando ele apertou os olhos e abriu a boca para dizer algo, eu fui mais rápida:

— Nós não vamos ficar com ela por muito tempo!

Quando eu começava a mentir para o meu pai, não conseguia mais parar. Por um breve instante, ouvi uma voz fraca dentro de mim sussurrando "*Shhh!* Pare!". Mas mandei aquela garota calar a boca, porque nós estávamos destinados a ficar com a cachorrinha, e eu faria qualquer coisa para dar certo.

Dois

Irmandade

Um mês depois, Gizelle e eu estávamos deitadas no chão frio da cozinha encarando uma a outra, eu com um braço por cima de seu corpo, ela com as quatro patas dobradas sobre a minha barriga. Yoda nos contemplava da cadeira da cozinha. Bertha vasculhava o chão, destrambelhada, em busca de farelos. As pálpebras de Gizelle começavam a tremer com um sonho da tarde e eu estava prestes a fechar meus olhos também quando...

— De que tamanho ela vai ficar? — A voz do meu pai me causou um sobressalto. — É impressão minha ou ela está crescendo meio rápido? — Ele olhou para baixo enquanto dava um passo largo por cima de Gizelle e de mim.

Eu me levantei para observá-la. Ela já pesava mais de vinte quilos e, para ser sincera, parecia mais um labrador adulto do que um filhote de três meses e meio.

— Aposto que não vai ficar grande demais, pai. Ainda dá para carregá-la no colo.

Ao me inclinar para pegá-la e mostrar como Gizelle era esbelta, passei os braços em volta da barriguinha sedosa dela e tentei erguê-la na frente do meu pai, mas por um instante ela não saiu do lugar. Então me agachei e tentei apoiá-la nas minhas pernas, mas era como tentar levantar um galão de água mineral. Afastei as pernas o máximo possível, contraí o abdômen, firmei os dedos do pé no chão, *três, dois, um, levantar!* Deixei escapar um grunhidinho patético enquanto a erguia do chão. *Ufa.* Suas patas dianteiras pendiam na minha frente e precisei empurrar o quadril para a frente para manter o equilíbrio. Mas consegui segurá-la. Eu conseguia segurá-la. Papai nos encarou com os olhos semicerrados.

— E por quanto tempo vamos ficar com esse filhote?

— Só mais um pouco.

Eu tinha que me esforçar para as palavras saírem.

Claro, "só mais um pouco" no meu dicionário significava "para todo o sempre". E a adolescente idiota que eu era na época achava... *o quê?* Que meu pai se apaixonaria pela cachorrinha "temporária", concordaria em ficar com ela e nunca mais perguntaria nada? Eu estava vivendo em negação. E eu era muito boa nisso.

Quando trouxemos Gizelle para casa, tive certeza de que o nosso novo bichinho de estimação era um sinal de que minha mãe estava arrependida, de que dessa vez ela assumiria a responsabilidade, participaria de um programa de reabilitação e ficaria sóbria. Durante alguns dias ela agiu mais como a mãe de que eu me lembrava da minha infância — era a primeira a se levantar de manhã, alimentava os cães, fazia torradas e cortava as frutas em formato de carinhas sorridentes. Ela ia para o quintal comigo para fazer "coleta de caquinha de filhote", como ela chamava, rindo e brincando enquanto me ajudava a recolher cocô fedido de cachorro.

No entanto, conforme a filhotinha foi deixando de ser novidade e a responsabilidade pelo novo membro da família virou rotina, minha mãe voltou a dormir até tarde. Bem tarde. E às vezes ela ia se deitar cedo — cedo tipo com o dia claro. "Eu não estava me sentindo bem. Não dormi bem a noite passada, meninas. O descongestionante nasal acabou comigo!" Ela sempre inventava desculpas, e com a minha mãe era difícil diferenciar o que era verdade do que não era.

Um dia eu a encontrei apagada no nosso sofá de brim azul, com uma das bochechas afundada no travesseiro, a boca aberta, o braço pendurado e as pontas dos dedos roçando o chão — quase como se tivesse caído naquela posição. Yoda dormia também, aconchegada sobre o peito da minha mãe e aninhada em um braço. O telefone estava tocando. Um toque abafado, vindo debaixo da minha mãe e de Yoda. A bochecha dela não se desgrudou do travesseiro, mas suas pálpebras estremeceram.

Será que eu devia acordá-la? Forçá-la a se recompor antes que Erisy e papai chegassem? Erisy odiava ver a mamãe desmaiada. Mas se eu a acordasse teria que lidar com ela. O telefone voltou a tocar.

Mamãe começou a se mexer. Esticou o braço em câmera lenta para atender, mas, em vez de pegar o telefone, agarrou Yoda pela cintura, aconchegando a bochecha na barriga da chihuahua.

Grrrrr, rosnou Yoda. (Ninguém perturbava a soneca vespertina dela.)

— Oooiii? — Mamãe disse de forma quase ininteligível.

Yoda rosnou de novo, agora mais alto.

Minha mãe continuou murmurando para a barriga da nossa chihuahua irritada até que o telefone parou de tocar. Depois soltou nossa adorável cachorrinha e Yoda correu para se aninhar de volta na fenda entre mamãe e o sofá.

Deixei escapar um pequeno suspiro de frustração e fiquei parada por uns instantes, incapaz de decidir se ria ou chorava.

— Mãe! — finalmente chamei, sacudindo-a. Nada. Ela tinha voltado a dormir. Então eu fiz o que a maioria dos adolescentes faria: liguei para meu irmão mais velho, apelidei o incidente de "Yodafone" e seguimos em frente naquele verão tentando fingir que não nos importávamos.

Seguir com o verão era algo mais fácil de fazer com uma nova filhotinha em casa. Eu começava a entender o que minha mãe queria dizer quando falou que eu tenho cara de quem tem cachorro grande, porque Gizelle e eu nos amamos desde o início. Quando eu chegava em casa, ela me seguia da sala para o meu quarto, depois descia as escadas atrás de mim e ia até no banheiro comigo, se sentava diante dos meus pés, como se eu precisasse do apoio dela. Aprendi rápido que eu não podia dar um passo

MINHA VIDA COM UMA AMIGA DE QUATRO PATAS

para trás sem olhar antes. Ela adorava repousar o focinho no meu joelho, no meu colo, no meu pé, na minha mão. E se seu focinho bigodudo não conseguisse me alcançar, ela recorria ao que estivesse mais perto — repousava a mandíbula na borda da banheira ou farejava embaixo da porta atrás de mim, deixando escapar gemidos de tristeza quando ficava do lado oposto de uma parede.

Mas, enquanto minha mãe lutava cada vez mais contra o vício, a rotina em nossa casa começava a desmoronar. Mamãe não conseguia manter contato visual ou conversar. Ela andava tropeçando e caindo pela cozinha e gritava se a acusássemos de estar bêbada. Servia-nos frango congelado no jantar, e os cafés da manhã com carinhas sorridentes deram lugar a um sonolento "venham me dar um beijo antes de vocês e o papai saírem". Eu sabia que sairia de casa no fim do verão, mas Erisy não iria embora.

Erisy era minha irmã mais nova e minha melhor amiga desde sempre. Ela era quatro anos mais nova, mas muitas pessoas achavam que éramos gêmeas. Nós adorávamos isso e respondíamos que nossa diferença de idade era de sete minutos. Erisy é o tipo de garota que executa com perfeição tudo que tenta fazer. Ela aprendeu a dar piruetas antes de mim, cantava e tocava piano, aprendeu a tocar violão sozinha, sempre teve notas melhores e herdou a inteligência do papai para matemática. (Eu herdei a da mamãe.) Está certo, eu tinha inveja. Mas eu adorava ser a irmã mais velha dela e queria ser boa nessa função. Talvez eu fosse melhor do que ela nisso.

Então naquele verão eu tentei distraí-la — surpreendendo-a com rosquinhas de manhã, deixando bilhetinhos no travesseiro ou colocando balões no quarto dela sem motivo algum. Quando as coisas ficavam bem ruins com a mamãe, eu levava Erisy para o shopping e comprava pulseiras de irmãs combinando (comprei muitas dessas pulseiras). Chegou um momento em que o papai disse que Erisy não podia mais andar de carro com a mamãe. Não foi nenhuma surpresa. Por causa do hábito de dirigir bêbada da minha mãe, aos 15 anos eu obtive uma carteira de motorista especial para ajudar a levar Erisy para o colégio. A gente vivia tentando impedir a mamãe de dirigir, fosse escondendo as chaves do carro ou desconectando a bateria.

IRMANDADE

Servir de motorista poderia ter estragado o meu verão, mas não foi o que aconteceu de forma alguma. Nós nos amontoávamos no Jetta com as cachorras e descíamos a Concord Road a toda, com os vidros baixados e Justin Timberlake tocando no último volume. No banco de trás ia a Gordinha. Ela corria de uma janela à outra, bufava e balançava seu rolinho de canela sem parar, esticando as perninhas curtas para se apoiar na porta e botar o focinho para fora da janela e pegar vento, no maior estilo ESTE É O MELHOR PASSEIO DE TODOS OS TEMPOS! Yoda se enroscava no colo de Erisy e Gizelle se acomodava no banco de trás, bem no meio do caminho da Gordinha. Isso não impedia a buldogue de correr. Ela passava por cima sem dó.

No início, Gizelle ficou meio na dúvida sobre o que sua irmã esquisita estava fazendo ali com a cabeça para fora da janela. Então ela hesitava, vendo as orelhas de Bertha balançando ao vendo como se pensasse: *Bem, se a Bertha está fazendo...* Depois Gizelle passou a se aproximar da janela. Ela ia com a ponta do focinho na direção do vento, cética, olhando o tempo todo para a Gordinha, e em seguida chegava a cabeça mais para a frente. Porém, quando o vento batia em seus olhos ela se sentava, chocada, piscando e balançando a cabeça como se tivesse odiado aquilo e achasse que janelas eram a pior invenção de todos os tempos. *Mas se a Bertha está fazendo...* Após algumas tentativas, ela avançou mais um pouco com a cabeça, piscando sem parar. Até que um dia enfim ela foi para valer, esticando a cabeça toda até o vento barulhento, com os olhos tremulando furiosamente como se estivesse diante de um secador de cabelos. Ela com certeza detestou a sensação no início, mas pouco depois já estava adorando, porque se Bertha fazia aquilo ela também faria. Uma típica atitude de irmã mais nova.

Depois de pararmos o Jetta no acostamento poeirento com vista para o rio Harpeth, Erisy e eu apostávamos quem seria a primeira a tirar a roupa e ficar só de maiô, correr até a árvore, subir nela e saltar na água lamacenta. A gente pulava na água soltando gritos, uma vez atrás da outra, enquanto as cachorras ficavam na terra. Depois de exaustas e refrescadas, colocávamos todas de volta no carro. Baixávamos os vidros novamente e dávamos voltas pelos morros cheios de vento do Sul, botando os braços para fora da janela para secarem ao vento. O rabo de Gizelle batia no banco, de tanta alegria, mas o som era abafado pelo ruído do vento e pelo rádio. "Quer ir para o parque?", eu gritava mais alto que a música. Logo nosso desvio se transformava em um passeio que durava o dia inteiro. E, ainda que a mamãe fosse imprevisível e achássemos que os olhos do papai diziam "divórcio", parecia que tudo ia ficar bem se continuássemos seguindo em frente.

Estávamos em pleno verão. Eu tinha 19 anos e, embora adorasse Gizelle, isso nunca me impediu de deixá-la com o "vovô". Comecei a passar a noite fora com mais frequência, o que rendia mensagens de texto mais ou menos assim:

"Acabei de alimentar sua filhotona. Lol papai."

"Sua filhotona ainda não aprendeu a usar o troninho. Lol papai."

"Sua filhotona gosta de subir no sofá. Lol papai."

"Sua filhotona gosta de rolar em cima das flores. Lol papai."

A propósito, meu pai achava que "LOL" significava "lots of love" [com muito amor, em inglês] (ele ainda acha). Certo dia, eu estava no lago com meus amigos e quando saí da água vi a seguinte mensagem:

"A filhotona está andando engraçado. Com dificuldade para ficar em pé. O que devo fazer? Pensei em ligar para o Hospital Veterinário Noah's Ark. Lol papai."

No momento em que eu li a mensagem, já haviam se passado quatro horas desde que ele a enviara. *Merda.*

"Indo pra casa agora!", escrevi da picape de um amigo, sentindo um embrulho do tamanho de um mastim no estômago. Meu Deus, será que ela está bem? Será que eu estou muito ferrada? Meu amigo pisou fundo, mas só uma máquina do tempo poderia me ajudar naquele momento. Era tarde demais.

Entrei correndo em casa atrás de Gizelle. Ela se contorceu e se esticou ao sair da casinha na área de serviço, onde estava dormindo, e me deu uma lambida.

— Oi, Gizelle!

Seu rabo batia nas laterais da casinha. Ela parecia estar bem. Será que meu pai estava confuso? Passei os olhos pela cozinha e pela sala de jantar tentando achá-lo, mas não o avistei. *Por favor, esteja jogando golfe. Por favor, diga que não ligou para o veterinário.*

Subi às pressas para o meu quarto e joguei o maiô no chão ao trocar de roupa. Depois, enquanto escovava o cabelo, ainda úmido do lago, diante do espelho, ouvi o temível som dos sapatos dele pisando devagar no chão do andar de baixo.

Parei com a escova na mão e encarei meu reflexo.

— Ei, Lauren. Desça aqui um minutinho — gritou ele na direção do meu quarto. Aquilo não era nada bom. Normalmente, ele me chamava de "Fernie" ou "camarada". Papai tinha dito "Lauren". Ah, aquilo não era nada, nada bom.

Fechei o zíper do casaco, enrolei o cabelo na toalha e desci a escada me arrastando. Papai estava sentado à mesa da cozinha. Gizelle estava jogada no chão ao lado dele. Bertha e Yoda estavam deitadas junto às janelas sob uma frestinha de sol. Meu pai não precisou me pedir para sentar; a cadeira já estava afastada. Ele usava sua camiseta azul da linha Life Is Good, e aquele bonequinho palito da Life Is Good me encarava, como um palhaço, enquanto papai continuava sentado com um pé apoiado no joelho e os braços cruzados, o lábio inferior tenso e a fresta franzida. Bertha e Yoda nos olhavam, como um júri.

Meu coração batia três vezes mais rápido que o normal. Independentemente do que acontecesse, eu não abriria mão dela. Tentei não demonstrar que estava nervosa. Sentei e apoiei meus pés em Gizelle, desenhando círculos no pelo dela com o dedão. Tenho o dedão do pé igual ao da minha mãe. É mais curto que o dedo do lado.

— Liguei para o Noah's Ark — começou ele. — Gizelle estava andando de forma estranha no quintal. As pernas estavam bambas e ela

MINHA VIDA COM UMA AMIGA DE QUATRO PATAS

mal conseguia ficar em pé. Então liguei para saber se eles podiam ajudar com alguma coisa. — Eu não levantei o rosto.

— Eles disseram que lá nem *existe* um projeto de lar temporário. Não conhecem nenhuma Lauren, nem Gizelle. — Ele com certeza tinha descoberto tudo, não foi? Ergui os olhos para encará-lo, mas mantive o queixo junto ao peito. Tentei derramar algumas lágrimas, imaginando que poderiam ajudar naquela hora. Ele me olhava com os lábios bem apertados e tensos, esperando que eu começasse a falar. Eu não tinha o que dizer. *Será que ele vai gritar?*, pensei, apreensiva. Ele certamente poderia ter gritado. Mas, em vez disso, respirou fundo e apoiou os cotovelos nos joelhos para ficar da mesma altura que eu.

— Fernie, não sei se honestidade é algo importante para você — prosseguiu ele. — Mas é algo importante para mim, e talvez sua mãe e eu não tenhamos te ensinado isso direito.

(Eu não parava de pensar na mamãe. Mentiras saíam da sua boca como se fossem soluços.)

— Quer dizer... — Ele fez uma pausa. — Acho que você não vai conseguir chegar muito longe na vida ou nos seus relacionamentos se não falar a verdade.

Eu ergui os olhos.

— Olhe só para você, camarada — continuou ele. — Comece a pensar nas palavras que saem da sua boca. Você não quer falar com integridade?

Fiquei extremamente constrangida. Lágrimas de verdade começaram a se acumular nos meus olhos.

Ele devia ter gritado comigo e me colocado de castigo. Devia ter dado Gizelle para outra pessoa. Mas isso era mais eficaz. Ele escolheu não gritar. Falou comigo como se eu fosse adulta, o que fazia sentido, porque em teoria eu estava prestes a me tornar adulta.

— Desculpa — eu disse. Pode ser que minha voz tenha falhado. Encarei meu pai nos olhos e falei outra vez. — Desculpa.

— De uma coisa eu sei — afirmou meu pai, esticando o braço até Gizelle, agora esparramada pelo chão. — Sei que você ama essa sua filhotona.

Ele deu dois tapinhas reconfortantes na cabeça de Gizelle, como se ela tivesse sido sua parceira na investigação que revelou meu crime, e saiu da cozinha.

Sentei na cadeira por um instante e olhei para Gizelle. *Isso quer dizer que vamos ficar com ela?*, pensei. Se papai estava inclinado a continuar com ela, a pressão para não estragar tudo recaía sobre mim. Minha mãe não estava mais ali para ajudar. Ela tinha ido para uma clínica de reabilitação na qual passaria no mínimo 28 dias. Com sorte, ela permaneceria lá durante esse período e ficaria sóbria. Voltaria a ser a minha mãe, e, nesse meio-tempo, eu seria a mãe de Gizelle.

Minha primeira lição como mãe de um cachorro veio bem rápido, porque meu pai não estava enganado sobre o jeito estranho de Gizelle andar. Uma noite, pouco depois de eu ter sido pega na mentira do lar temporário, a casa estava sem minha mãe e tranquila, e papai se preparava para fritar bifes para mim, Erisy, Tripp e sua esposa, Jenna. Andei descalça até o quintal e encontrei Gizelle sentada na grama.

— Vem aqui, Gizelle! — chamei, dando tapinhas no quadril para que ela viesse brincar comigo. Ela tentou levantar, mas parecia que suas patas estavam coladas ao chão. Ela cambaleou de forma estranha, como se suas patas tivessem ficado defeituosas de repente.

— Pai! — gritei.

— Sim? — Ele abriu a porta e viu Gizelle se contorcendo na grama.

— É, foi isso que ela fez da outra vez. Não sei qual é o problema dela.

— Temos que levá-la ao veterinário!

Papai pôs os bifes de volta na geladeira e o grupo foi junto. Todos nós — papai, Tripp, Jenna, Erisy e eu — seguimos para a emergência veterinária. Nós nos amontoamos na saleta, ao redor de Gizelle. Inseriram um termômetro no traseiro dela, verificaram os ouvidos, olharam o nariz, puxaram o rabo e esticaram todos os membros. Nada. Gastamos 500 dólares naquela noite para descobrir que Gizelle tinha "dores do crescimento". Isso mesmo, apenas dores do crescimento. "Isso é comum

MINHA VIDA COM UMA AMIGA DE QUATRO PATAS

em cães de raças gigantes", garantiu o veterinário. Nós cinco ficamos aliviados. Ele pareceu intrigado vendo tantas pessoas espremidas em um consultório por causa de dores do crescimento. Bem, agora sabíamos o que era. Mas eu descobri outra coisa naquela noite ao ver minha família amontoada naquela sala minúscula em volta de Gizelle, todos acariciando suas orelhas, alisando sua barriga e olhando para ela com amor, e papai pagando a conta do veterinário sem reclamar. Nós definitivamente íamos ficar com a filhotona.

Três

Fazendo listas

O verão havia acabado e eu estava encarando a janela do décimo primeiro andar de um alojamento de 14 andares gigantesco e intimidador. Minha nova casa. Os corredores eram cheios de letras gregas coloridas. Os quartos tinham roupas de cama coloridas combinando e cestos de roupa com monogramas. Garotas andavam de braço dado vestindo camisetas com frases no estilo "Pi or Die" e tudo parecia combinar, combinar, combinar.

Tentar se adaptar a essa vida na irmandade sendo uma menina transferida era difícil. Deixar Gizelle e Erisy para trás era ainda mais difícil. Fiz o possível para me integrar na nova faculdade. Fui a um baile de gala, festejei com a galera em um jogo de futebol americano, me enrolei no lençol para ir a uma festa de toga (e ainda *vomitei* no gramado). *Será que eu já me integrei? Será que eu* quero *me integrar?*, eu me questionava. Mas às 18h30 de segunda, quando todas as minhas irmãs se embelezavam, enfeitavam-se e lotavam o corredor do 11º andar, marchando até a reunião semanal da fraternidade, eu ficava para trás. Acho que ninguém nem reparava.

Eu tinha sido transferida da Faculdade de Charleston, na Carolina do Sul, para ficar mais perto de Erisy durante seus três últimos anos no colégio. Então ia para casa quase todos os fins de semana. Toda vez que eu passava pela porta, a filhotona estava ainda maior. Logo ela estava maior do que eu, e ainda não tinha parado de crescer.

MINHA VIDA COM UMA AMIGA DE QUATRO PATAS

É óbvio que Gizelle não tinha consciência de que estava quase do tamanho de uma poltrona do papai. Na cabeça dela, não era muito maior que Yoda. Ela rastejava para debaixo das mesas de centro e tirava um cochilo. Inevitavelmente a mesa inclinava sobre sua cabeça. Ela era nosso tratorzinho, derramando café e derrubando com o rabo os nossos porta-retratos. E, se minha irmã e eu estivéssemos aconchegadas no sofazinho de dois lugares da sala assistindo a um filme, Gizelle ignorava por completo o fato de que não havia lugar para ela. Ela sempre abria espaço, colocando sorrateiramente uma pata e em seguida a outra. Então lançava graciosamente todos os seus cinquenta quilos (ou mais) direto no nosso colo. Esmagando nossas coxas e barrigas, bloqueando a visão e nos impedindo de mover os braços, ela abria a boca em uma arfada leve e sorridente, quase como se pensasse: *Elas nem notaram que estou aqui.*

À medida que Gizelle crescia, as pupilas da minha mãe diminuíam. Ela voltou da reabilitação — dos 28 dias de sobriedade forçada — e em questão de minutos saiu de carro. Minha família caiu nas mesmas ciladas de sempre, seguindo-a por aí, vasculhando seu armário, ligando para lojas de bebidas para tentar descobrir se ela tinha passado por lá.

Ao chegar em casa em um fim de semana, eu a encontrei desmaiada no sofá às 5h da manhã. Havia um novo amassado no carro da minha mãe, minigarrafas de vinho escondidas nas profundezas de seu armário e frascos de Tylenol cheios de comprimidos coloridos que não me pareciam ser de Tylenol. Decidi confrontá-la.

— Mãe — tentei falar com calma —, por que você está tomando esse remédio? — Segurei os comprimidos na frente dela. Ela olhou de soslaio para minha mão, depois ficou contemplando o nada, como se as palavras estivessem perdidas, flutuando ao redor de sua cabeça, e ela precisasse encontrá-las antes. Após alguns instantes ela voltou a atenção para mim:

— Não estou tomando, querida! Não mais. Estou completamente bem — insistiu ela, perplexa por eu acusá-la de algo assim.

Tinha havido alguns momentos em que ela fora convincente, e eu entrava em uma batalha interna comigo mesma, me perguntando se não era eu a louca por acreditar que mamãe não estava bem. Eu lutava brevemente contra esse pensamento e lembrava a mim mesma que ela havia acabado de me dar uma bolsa nova e meses antes tinha me presenteado com uma filhote gigante. Mas ao encarar os olhos vidrados da minha mãe eu logo voltava à realidade.

— Não, mãe. Você não está bem. Isso é mentira!

Ela me olhou, mas evitou manter contato visual. Enquanto registrava minhas palavras, uma fúria rompeu aquele estado de sonolência e letargia, e ela vociferou:

— Como você pode duvidar de mim? Que injustiça! Depois de tudo que eu fiz por você!

De repente, estávamos brigando pela casa como duas adolescentes, batendo a porta dos armários e gritando o mais alto possível, naquela velha discussão do tipo você-tem-um-problema-não-eu-não-tenho-nenhum-problema, até que eu acabei ligando para o papai e gritei com ele também.

— Pai! Nós não podemos viver assim! Não é justo. Não é justo com a Erisy! Por que você não *faz* alguma coisa?

E é por isso que o vício é a doença mais complicada, cruel e confusa que existe. Ele afeta todos os envolvidos. É um tirano.

Eu estava perdendo a minha mãe para esse tirano.

Fechei a porta do carro com força e dirigi para longe da minha casa, levando Gizelle. Eu não queria apenas ir embora de Brentwood, queria fugir do Tennessee. Eu odiava a faculdade, odiava a minha casa e não sabia onde era o meu lugar. Tínhamos tentado de tudo com a minha mãe. Eu achava que, se conseguisse mostrar que ela estava mentindo, se conseguisse fazê-la admitir que tinha um problema, se eu argumentasse e tentasse debater com ela, algo funcionaria. *Alguma coisa* tinha que funcionar... Não é? Eu tremia de raiva. Batia com as mãos no volante. "Que merda!", eu gritava, voando pela estrada em direção a Nashville, ao norte, enquanto Gizelle mudava de posição no banco de trás para apoiar o queixo no console central, ainda tentando ficar o mais perto possível de mim. Eu me esforçava para respirar fundo. Tentava me acalmar.

MINHA VIDA COM UMA AMIGA DE QUATRO PATAS

Mas não conseguia entender por que a minha mãe continuava preferindo os comprimidos e o álcool à família. (E ela de fato acabou preferindo os comprimidos e o álcool à família. Mais tarde, meu pai disse que ela teria que sair de casa se recusasse procurar ajuda. Ela não demonstrou muita resistência. Simplesmente foi embora.)

Dirigi até chegar ao Percy Warner Park. Os parques Warner ficam a sudoeste de Nashville e têm mais de oito quilômetros de trilhas montanhosas. Eu precisava de ar. Encontrei uma trilha qualquer, prendi a guia na coleira de Gizelle e comecei a andar. Gizelle ficou ao meu lado. Não atrás. Nem à frente me puxando. Ao meu lado. Ela tinha um dom natural para andar na coleira. Enquanto seguíamos pela trilha, ela continuava me olhando. Às vezes ela fazia isso como uma confirmação visual de que eu estava com ela, mas naquele dia acho que ela estava sentindo a minha angústia. Andamos mais rápido e logo nossa caminhada se tornou uma corrida. Gizelle trotava ao meu lado. Depois começou a ir mais rápido. Pegamos velocidade. Nossos seis pés batiam no chão juntos, como tambores.

A guia balançava entre nós. É óbvio que uma guia é feita para unir humanos e cachorros, e muitas vezes eu achava que ela era uma boa ligação, algo que fazia com que eu e Gizelle nos sentíssemos duas partes de um todo. Ainda assim, naquele momento a guia parecia estar nos atrapalhando, envolvendo o ar entre nós duas. Complicando as coisas.

Então eu tirei a guia dela e nós corremos.

Corremos juntas. Uma pequena debandada. Estávamos totalmente sincronizadas, e não pensávamos em muita coisa além daquele momento. Corríamos o mais rápido possível e as árvores sibilavam ao passar. Gizelle subia até o meu quadril, mas ela nunca tentava pular na minha frente ou mordiscar meus pés como muitos cachorros faziam. Sua papada batia contra o vento e sua língua comprida e rosada se agitava, feliz, fora da boca, enquanto ela corria ao meu lado. Como uma protetora. Como uma amiga. Não parecíamos mais dois tambores. Éramos um só imenso tambor batendo bem alto a cada passo. *Bum. Bum. Bum. Bum.*

FAZENDO LISTAS

Corremos durante alguns minutos até que encontramos uma clareira e nos jogamos na grama. Repousei a cabeça na barriga de Gizelle e ouvi seu arfar diminuindo aos poucos junto ao meu. Não podia acreditar que eu tinha um cachorro imenso que me acompanhava sem uma guia. Ela me seguia simplesmente porque queria estar comigo. Minha cabeça se mexia sobre a barriga conforme sua respiração desacelerava. Então Gizelle se virou e lambeu meu rosto, em seguida dando uma mordidinha no meu nariz. Era assim que ela mostrava seu amor por mim.

Continuei correndo na faculdade. Correr me dava um objetivo quando eu não sabia qual era o meu objetivo. Eu me sentia com os pés no chão, conectada com a terra. Não estava lutando contra as partes da minha vida que eram angustiantes. Correr foi a primeira coisa que eu me lembro de fazer na vida que me dava a sensação de que eu estava exatamente no lugar que devia estar.

Correr também me fazia sentir produtiva, como se eu estivesse aproveitando os meus dias e me forçando a fazer algo que exigia um esforço físico e mental. E, ao ver minha mãe fazendo o contrário, dormindo a vida toda e desperdiçando seus dias, eu me via com medo de ser como ela. Eu não queria deixar a vida escapar. Eu queria aproveitá-la. Então comecei a treinar para a minha primeira meia-maratona. Gizelle virou minha companheira nessa missão.

Ter como parceira de treino uma mastim inglesa de setenta quilos trazia certas limitações e alguns riscos. Em uma bela tarde no fim da primavera, levei Gizelle e Bertha para o parque da ACM de Brentwood — planejando praticar arrancadas no campo de futebol. Normalmente Gizelle corria um pouco comigo, mas o físico mais compacto de Bertha não foi feito para uma atividade física tão vigorosa. Eu não tinha coragem de deixar Gordinha só, porque ela poderia se sentir insegura, então levei as duas na guia até um campo de futebol próximo. Gizelle ficou deitada feito uma esfinge, me observando, e Gordinha ficou rolando de costas, bufando na grama.

Dessa forma, comecei a correr. As orelhas de Gizelle se mexeram e seus olhos me seguiram atentamente enquanto eu me movimentava, indo e voltando pelo campo. Na minha terceira arrancada de volta para a trave, dei um tapinha na cabeça de Gizelle. Ela deve ter entendido aquilo como um *Você não vem?*, pois, quando eu disparei, Gizelle disparou também, arrastando a trave e a pobre Gordinha com ela — um trio improvável voando pelo campo. Gizelle não se deu conta de que era *ela* que estava rebocando uma trave, só via uma grande rede que a perseguia. Então começou a correr mais rápido para *fugir* da trave, com as perninhas atarracadas da pobre Bertha batendo recordes de velocidade para tentar acompanhar. Desviei totalmente do meu percurso para ir atrás delas, rindo, gritando e agitando os braços. Quando finalmente consegui alcançá-las, levei mais de um minuto para soltar aquele emaranhado de cachorros da trave na frente de um estacionamento lotado de crianças gritando e suas mães.

Gizelle acabou indo morar comigo em Knoxville. Corríamos pelo campus juntas à noite, trotando pela 16th Street, passando pelo meu antigo dormitório até a Volunteer Boulevard, onde a calçada do campus virava uma ladeira que levava a um morrinho com gramado perto da biblioteca. Sempre que chegávamos próximo desse lugar, Gizelle começava a andar focada, ganhando velocidade, batendo com empolgação as patas da frente no concreto. "Pronta, garota? Pronta?" Eu soltava a guia.

Não havia muitos alunos na rua, mas os que estavam ali sempre interrompiam sua caminhada, os livros na mão, impressionados com a visão de um cachorro imenso correndo pelas sombras no campus. Enquanto ela ia subindo o morro, sempre virava a cabeça para ter certeza de que eu a seguia. Eu ia atrás dela, e juntas nos lançávamos na grama, lado a lado sob um céu cheio de estrelas.

As noites no campus com Gizelle sempre me faziam pensar. Se eu podia falar que queria correr um quilômetro e de fato correr um quilômetro, o que mais eu poderia fazer se me empenhasse? Até onde meus pés me levariam? Quando eu corria, começava a sonhar com os lugares para onde queria ir, as coisas que desejava ver e o tipo de pessoa que gos-

FAZENDO LISTAS

taria de ser quando chegasse lá. Comecei a listar itens na minha mente e anotá-los em diários:

Correr uma maratona inteira
Ver os leões na África
Estudar fora
Comer pizza na Itália
Me apaixonar
Fazer uma tatuagem

Essa lista acabou ganhando o nome "Lista de desejos da Lauren". Eu riscava e acrescentava novos itens conforme avançava nela.

~~Correr uma maratona inteira~~
~~Estudar fora~~
~~Fazer uma tatuagem~~
~~Trabalhar como au-pair na Itália~~
~~Comer pizza na Itália~~
~~Tomar gelato na Itália~~
~~Comer espaguete à carbonara na Itália~~

Logo eu estava com 23 anos, já tinha saído da faculdade e imaginava o que mais tinha pela frente. Meus pais haviam se separado e estavam para assinar o divórcio. Erisy fora fazer faculdade na Califórnia. Tripp e Jenna tinham se mudado para Los Angeles. Mamãe tinha voltado para a reabilitação. Meus amigos estavam conseguindo estágios, iniciando suas carreiras ou se casando. Ao passar os olhos pela lista, havia um item que parecia quase saltar da página. Um item que parecia ser o passo seguinte mais lógico na minha vida, ainda que eu não tivesse ideia do que fosse fazer da vida.

Decidi que sairia do Tennessee. Eu trocaria minha vida no Sul por um local mais cheio de energia, ousado e cosmopolita. Um lugar sobre o qual eu não sabia quase nada. Eu ia me mudar para Nova York. Para Manhattan. E Gizelle iria comigo.

Quatro

Manhattan

Enquanto eu seguia trabalhando na minha lista de desejos, empolgada pela ideia de logo riscar o item "Morar em Manhattan", Gizelle continuou trabalhando em sua própria lista. Sua lista de medos. Ela ficava apavorada com quase tudo.

Caixas de correio
Bueiros
Desconhecidos
Yoda
Embalagens e caixas de papelão
Traves de futebol (com motivo!)
Bicicletas
Bertha
Sacos plásticos
Ferramentas elétricas

A bicicleta nem precisava estar em movimento. Certa vez havia uma bicicleta no chão da garagem e Gizelle rastejou em volta dela com tanto cuidado que parecia mais que ela evitava acordar um urso. Em outra ocasião ela se recusou a ir para o quintal porque tinha um saco plástico malvado lá fora sendo sacudido pelo vento. E bastou uma mordida mais

MINHA VIDA COM UMA AMIGA DE QUATRO PATAS

agressiva de Yoda para Gizelle se refugiar embaixo da mesa com um olhar que dizia: "Nossa, me desculpa, Yoda! Por favor, não me machuque!"

Desse modo, é claro que levar minha bebê gigante para Nova York, um lugar onde eu sabia que cruzaríamos com mais sacos plásticos sacudindo ao vento, bicicletas, bueiros, ferramentas e equipamentos elétricos ainda maiores e mais barulhentos me deixava ligeiramente apreensiva. É verdade que Gizelle tinha ficado mais corajosa e confiante durante o período que passara comigo na Universidade do Tennessee, mas minha garota ainda era uma gigante gentil, com ênfase no gentil. E se Manhattan deixasse Gizelle aterrorizada? E se ela chegasse e imediatamente entrasse em uma de "me leva para a estrada, de volta para casa, para aquela terra de noites tranquilas e estreladas e campos verdes e passeios de carro"? Só havia uma forma de descobrir. E o primeiro passo era encontrar um apartamento para nós duas.

Para alguém de fora, encontrar uma casa em Nova York funciona como o primeiro teste. É o jeito de a cidade dizer: *Então, será que você quer mesmo morar aqui? Quanto do seu espaço, seus limites morais, sua renda, sua tolerância à imundice e sua dignidade você está disposta a sacrificar? Até onde vai a sua insanidade?* É a sobrevivência do mais forte. Se você não consegue lidar com a procura por um apartamento, talvez não deva ficar. Talvez Nova York não seja para você. De certa forma, eu gosto disso, porque significa que as pessoas que vivem ali devem, em teoria, bem lá no fundo, querer morar ali, ou nunca teriam se torturado com essa maldita procura por um imóvel. Logo passei a achar que tudo em Manhattan funcionava assim — se você não estivesse disposto a ralar, seria comido vivo, mas se estivesse disposto e o destino cooperasse haveria recompensas.

Um dos maiores presentes que o destino me concedeu foi Kimmy. Ela era de Hartford, Connecticut, mas tinha feito ensino médio em Nova Jersey. Eu a conheci quando estudei fora, na época da faculdade, e nos tornamos amigas imediatamente. Kimmy tinha três irmãs e sua mentalidade de "meu armário é seu armário" era igual à minha. Ela era o tipo de garota que várias pessoas consideram melhor amiga.

MANHATTAN

Naquele primeiro ano em que moramos juntas, ela foi madrinha de uns 12 casamentos diferentes. Uma vez por mês, regularmente, lá estava ela colando lantejoulas que formavam letras cursivas em um chapéu de marinheiro (Brides Mate!) para *outra* despedida de solteira. Ela virava para mim, revirava os olhos e dizia: "Fodam-se. Esses. Casamentos." Depois ria e retornava para suas lantejoulas.

Nós duas não conseguíamos acreditar que havia pessoas da nossa idade se casando. Morar em Nova York e ter um cachorro era o maior compromisso que nós queríamos ter. Estávamos com 23 anos e víamos a cidade como um parque de diversões gigante. Mulheres da nossa idade? Se casando? *Agora?* Mas ainda havia tanta coisa para ver, fazer e conhecer! Kimmy e eu já tínhamos explorado bastante juntas também. Pulamos da maior ponte de bungee jump do mundo, nos hospedamos na casa de uma família em Nagano, dormimos em canoas sem nenhum motivo e agora estávamos enfrentando Nova York na nossa maior aventura até ali.

Enquanto caminhávamos para encontrar nosso corretor, perguntei a Kimmy se havia alguma coisa que a incomodava em uma colega de quarto, e ela só respondeu: "Argh, morar com gente que se irrita com qualquer merda." Para mim, fazia sentido. Quem quer alguém assim por perto? Certo? Mas espera aí: será que eu me irrito com qualquer merda? Eu achava que não. Quando estudava fora, Kimmy ganhou o apelido de Garota da Fazenda, porque ela sempre bebia muito, dizia coisas engraçadas e pesadas e fazia poses provocantes na frente de monumentos históricos importantes. Mas isso nunca me incomodou; em geral, eu estava bem ali do lado dela!

Eu idolatrava Kimmy. Ela era descontraída, porém determinada, não tinha frescuras e era generosa de verdade. Ela poderia se alimentar só de condimentos se fosse preciso. Certa vez eu estava com fome e ela me deu seu pacote de batata frita e comeu um sachê de ketchup no lugar, simplesmente esguichando o ketchup boca adentro. "O que foi? É gostoso!", disse ela. A outra questão sobre Kimmy é que ela ficava fascinada pela idéia de ter um cão. "Eu nunca tive um cachorro! Sempre quis ter um!",

MINHA VIDA COM UMA AMIGA DE QUATRO PATAS

comemorava. Ela havia visto Gizelle uma vez em Knoxville, antes de nos mudarmos. A reação dela? "Ah, ela nem parece tão grande assim!" Pois é, Kimmy era a colega de quarto perfeita. Se ao menos conseguíssemos encontrar um apartamento...

Achamos uma corretora chamada Allie que nos guiou pelo que pareciam ser todas as escadarias de Hell's Kitchen, bairro que ela considerava "de preço acessível". Apesar de todas aquelas escadas, Allie era uma grande fã de saias lápis. Seguimos aquelas saias lápis por uma infinidade de apartamentos "amplos", "modernos" e "ensolarados". Mas os lugares que vimos eram mínimos — tão pequenos que se houvesse espaço para um sofá, era possível alcançar a geladeira estando nele. Não demorou muito para descobrirmos que até mesmo conseguir um quarto no qual coubesse uma cama era um luxo, e uma janela por onde batesse a menor réstia de sol era um milagre. *E quanto a cachorros? Onde os nova-iorquinos põem os cachorros?*, eu me perguntava. Gizelle ainda não tinha chegado a Nova York. Na verdade, ela só viria quando eu tivesse onde colocá-la. Mas alguns apartamentos eram tão pequenos que eu duvidava que eu, Kimmy e Gizelle caberíamos dentro deles ao mesmo tempo. Gizelle teria que ir para o corredor se quisesse se virar.

Nem é preciso dizer que, apesar de adorável, nossa terceira colega de quarto não facilitava muito a nossa busca.

— Quanto o seu cachorro pesa mesmo? Você falou que ela é maior, certo? — perguntou Allie, levando-nos para a 17ª nova casa em potencial, outra "pechincha imperdível".

Eu não queria contar para a corretora qual era o tamanho verdadeiro de Gizelle. Cheguei a deixar seu peso em branco nas fichas que preenchi. Como acontece com muitas garotas, o peso de Gizelle flutuava. Ela estava um pouquinho maior do que o normal nessa época — maior do que nunca. Isso pode ter acontecido em parte porque, quando eu fui estudar fora, Gizelle ficou em casa no sofá e não se exercitou como ela fazia quando estava comigo. Então quando voltei — eu mesma com bochechas redondas de *pain-au-chocolat*, um segundo queixo, e uma nova barriga

48

MANHATTAN

de crepe de Nutella — eu não era a única que tinha ganhado alguns quilinhos. Gizelle tinha perdido suas formas voluptuosas e entrado no que Tripp chamou de "fase das curvas de banheira de Gizelle". Minha garota estava pesando cerca de oitenta quilos.

— Hmm, ela tem quase cinquenta quilos — respondi quando Allie me perguntou diretamente.

Desculpa, mas todo mundo já precisou mentir sobre o peso em algum momento da vida. Os olhos de Allie se arregalaram, as narinas se alargaram, e ela balançou a cabeça.

— Bem, um cachorro desse tamanho vai dificultar as coisas para você — alertou ela em um tom de voz maternal, remexendo os papéis na prancheta. Allie não sabia da história a metade. De fato, tinha toda uma metade de Gizelle cuja existência a Saia Lápis desconhecia. Eu não me sentia tão mal por mentir para Allie sobre o peso de Gizelle, pois ela também vivia mentindo para nós. Sempre nos dizia que seus apartamentos eram baratos, amplos e ensolarados, e eles não eram nada disso.

Comecei a me desesperar. Eu tentava não ser exigente. Não precisava de um apartamento amplo e espaçoso, Kimmy também não. Nem mesmo Gizelle precisava, para falar a verdade. O sonho de Gizelle provavelmente era um apartamento pequeno, assim como meu colo ainda parecia ser o lar que ela mais desejava.

Então Kimmy e eu continuamos procurando um apartamento pequeno, porém habitável. E, bem quando eu estava prestes a decidir que aquela busca por um lar em Nova York era uma terrível tragédia, seguimos Allie até um apartamento na 43rd Street.

Ela acendeu a luz.

Fiquei boquiaberta, tamanha a surpresa. Eu não podia acreditar no que via. Havia espaço para um sofá, uma poltrona, uma TV e um cachorro grande, *e ainda* havia uma cozinha separada. Não tínhamos nenhuma mobília, mas era legal saber que se tivéssemos haveria onde colocá-la. Havia dois quartos e uma varanda com deck de madeira e cercas nos fundos. Era um achado milagroso. Allie ficou olhando para o fichário e

MINHA VIDA COM UMA AMIGA DE QUATRO PATAS

de volta para o apartamento, chocada, e eu temi que ela tivesse cometido um engano e nos mostrado um lugar que não estava dentro da nossa faixa de preço. Mas não era nenhum engano.

Um dos quartos era consideravelmente maior que o outro, e imaginei que Kimmy e eu poderíamos brigar por ele. "Pode ficar com o maior", disse Kimmy, indiferente. "Você tem uma filhotona!" Havia até uma árvore na varanda dos fundos. Isso mesmo, uma árvore. Tudo bem, a árvore crescia de algum lugar sob o quarto de trás, e as raízes meio que deixavam um declive no chão desse quarto e, às vezes, quando ventava, eu temia que a árvore fosse cair e arrancar o apartamento todo do chão e nós fôssemos sair voando como a Dorothy. Mas havia uma árvore! Uma árvore para me lembrar do Tennessee. O último inquilino tinha até deixado pisca-piscas brancos pendurados na cerca, algumas lanternas e vasos de flores para um jardim. Eu poderia botar uma rede lá atrás. Tinha espaço suficiente para Gizelle e eu nos deitarmos para pegar um sol. Uma placa de carro com a inscrição "Rio" estava presa com barbante na cerca de madeira. E, de repente, nosso primeiro apartamento em Nova York tinha um nome.

Kimmy e eu decoramos o Rio vasculhando as calçadas de Hell's Kitchen. Nosso apartamento era um tipo de abrigo para mobílias perdidas e abandonadas. Pegamos de tudo: cadeiras velhas e quebradas, um balcão desafortunado que pintamos de preto e usávamos como bar, uma mesinha lateral com rodas que precisava de um novo lar. O pai de Kimmy encontrou até mesmo um sofá na rua perto da casa deles, em Hartford, depois de uma tempestade. Ele era medonho — verde-oliva —, e ainda estava úmido. Não nos importávamos. Pegamos também. Arrastamos o sofá até a varanda dos fundos e ele foi carinhosamente apelidado de Monstro do Pântano. Na cozinha, Kimmy prendeu o quadro de cortiça que tínhamos comprado na Jack's 99 Cent Store. "Nada cafona", disse ela. "Não vamos ter nenhuma bobagem do tipo *Live, Laugh, Love* neste apartamento."

Esbanjamos dinheiro em tinta de quadro-negro para que pudéssemos pintar e escrever coisas importantes nas paredes. Listas. "Comprar cortina de chuveiro", escrevi. Levamos uma semana para fazer isso; no meio-tempo a água espirrava no chão e pisávamos com cuidado na hora de sair do banho. "Conseguir empregos de adulto", escrevemos. Nós duas já tínhamos empregos em restaurantes. Minha prima mais velha havia conseguido uma vaga para mim em um bar no Upper West Side antes mesmo de eu chegar a Nova York, para que eu tivesse uma fonte de renda logo de cara, e Kimmy trabalhava como garçonete em um gastropub em Murray Hill. Em algumas semanas nós escrevemos a melhor mensagem de todas: "Bem-vinda a Nova York, Gizelle!"

Parecia um bom presságio: uma vaga de carro livre para minha mãe bem em frente ao prédio. Mamãe tinha saído da reabilitação e estava morando em Nashville, e parecia estar bem. Nas últimas vezes em que havíamos nos falado por telefone, sua voz estava firme e clara. Ela vinha ligando para saber de mim com mais frequência, e eu contei para ela tudo sobre meu novo apartamento na Times Square. Ela perguntou se poderia levar Gizelle de carro para mim em Nova York, para que pudéssemos passar um tempo como "mamãe e Lauren". Estava com saudades de mim. Ainda assim, não era fácil descobrir como ela estava de verdade, mas só a vontade de me visitar já era um ótimo sinal. Ela me pediu para mandar um e-mail com uma lista das coisas que eu queria que levasse do meu antigo quarto. *Minha mãe está de volta!*, pensei, esperançosa, me sentindo sortuda por ter uma mãe que se oferecia para fazer essas coisas por mim.

Gizelle saltou da SUV, primeiro jogando as patas da frente na calçada, depois arrastando sua pesada outra metade para fora. Ela não era sempre a cachorra mais rápida do mundo, mas quando me viu suas orelhas apontaram para a frente, os olhos se arregalaram, e ela começou a pular sem parar sobre as patas da frente. Eu também não me contive. "Gizelle!", falei, ofegante. "Olá! Oi, minha garota! Olá!" Eu abracei seu pescoço enquanto ela mordiscava meu nariz na calçada da 43rd Street. "Senti sua falta!" Ela deu mais algumas voltinhas de empolgação na minha frente, depois ficou pulando com as patinhas da frente para o alto enquanto eu as apertava com as mãos.

MINHA VIDA COM UMA AMIGA DE QUATRO PATAS

"Oi, mãe!", falei, correndo para abraçá-la em seguida, meio nervosa por vê-la. *E se os olhos dela estiverem embaçados? E se ela estiver falando arrastado?* Confiei nela para trazer Gizelle de carro até Nova York, mas meu maior temor ainda era que minha mãe estivesse dirigindo alcoolizada. Claro, parte de mim sabia que, se ela não estivesse bem, provavelmente não teria se oferecido para fazer aquela longa viagem até meu novo apartamento, para começar. Quando não estava bem, parecia que ela tentava nos evitar. Mas quando vi minha mãe correr na minha direção, com os olhos brilhando enquanto vinha me abraçar e seu rosto se abrindo em um sorriso enorme, meus ombros relaxaram. Ela me abraçou apertado. Seu carro estava lotado com as minhas coisas — meu grande mapa-múndi, a cama de Gizelle, minha estatuazinha do Buda, uma mala cheia de livros.

Apontei para o prédio onde morávamos. "Nossa, adorei a sua casa, querida!" Mamãe estava ofegante, apertando a minha mão enquanto sorria e olhava para cima para ver o apartamento. A porta da frente do edifício estava rachada e tinha sido colada com fita adesiva e pintada com grafites. Nela havia uma campainha que tocava aleatoriamente sem que ninguém a apertasse. O hall de entrada tinha luzes fluorescentes que piscavam e lembravam uma cena de assassinato de filme de terror. "Estou tão feliz por você!", disse mamãe. "É encantador."

E esta era outra razão por que eu sabia que minha mãe estava bem: ela achava que meu apartamento caindo aos pedaços do outro lado da rodoviária era encantador. Quando minha mãe estava sóbria, juro que ela era capaz de enxergar beleza em qualquer coisa. Ao ver Gizelle, minha mãe e minhas coisas dentro de cestos de roupa na calçada, percebi que aquela mudança era de verdade e que seria permanente... Ao menos tão permanente quanto alguma coisa pode ser para uma garota de 23 anos.

Eu não conseguia acreditar: Gizelle e eu estávamos morando no meio de Manhattan, a pouco mais de um quarteirão do museu de cera Madame Tussauds, e (mais conveniente) bem do lado do 99 Cent Express Pizza da Times Square. O letreiro da farmácia Walgreens piscava em uma luz néon vermelha chamativa e imponente. E eu não precisava de nenhum

MANHATTAN

lembrete de que *Eu amo Nova York*, porque estava escrito por todos os lados em milhares de bugigangas nas lojas de souvenir que se enfileiravam pela 8th Avenue. Mamãe e eu apanhamos os cestos de roupa suja e subimos rumo ao Rio.

Mamãe ficou em Nova York por alguns dias e levou a mim e a Kimmy a um restaurante de Anthony Bourdain, o Les Halles. Fiquei feliz quando ela pediu água, mas insistiu que Kimmy e eu pedíssemos uma taça de champanhe para brindar. No dia seguinte, minha mãe nos levou de carro até a Ikea, onde eu e Kimmy fomos muito ambiciosas achando que nosso apartamento era um palácio e compramos uma estante que se revelou grande demais para a sala. Tentamos montá-la, peça a peça, bloqueando a passagem de Gizelle até o corredor, até finalmente nos darmos conta de que aquele móvel nunca ia caber lá. "Sem problema, meninas", mamãe disse sorrindo enquanto nos ajudava a desmontar a estante. Então ela nos levou de volta à Ikea no dia seguinte.

De braços dados, minha mãe e eu levamos Gizelle para um pequeno passeio pelo quarteirão. "Vamos começar devagar, querida", alertou ela, explicando que, para evitar que a doce Gizelle tivesse uma sobrecarga sensorial, devíamos apresentá-la à cidade aos poucos. Eu concordei. Na última noite de minha mãe em Nova York, Gizelle e eu caminhamos com ela até seu hotel, a alguns quarteirões de casa.

— Obrigada por tudo, mamãe — falei, abraçando-a apertado. Depois a soltei e seus olhos se detiveram nas luzes atrás de mim por alguns instantes.

— Mãe? — Então ela desviou o olhar para mim. — Está tudo bem? — perguntei. Ela hesitou por um momento.

— Claro. — Ela beijou meu rosto de novo e desapareceu ao entrar no hotel. Eu só conseguia pensar no que minha mãe faria ao subir para o quarto, ou pior, quando estivesse de volta a sua casa em Nashville, completamente sozinha.

Cinco

Times Scare

A despeito da recuperação ou da não recuperação da minha mãe, o simples fato de que ela havia levado Gizelle para mim era incrível. Além disso, Gizelle e eu agora éramos duas garotas da cidade grande. Estávamos por conta própria. Talvez fosse hora de deixar de lado as preocupações que eu tinha com o vício da minha mãe. Eu estava em Nova York! E agora tinha minha melhor amiga do meu lado. Era novembro. Época de explorar.

Enrolei a coleira de couro pink de Gizelle na mão para mantê-la junto ao meu joelho e rezei para ela não enfiar o rabo entre as pernas e rastejar até a calçada, fugindo dos táxis e de suas buzinas, das grades barulhentas do metrô e dos carrinhos de vendedores de amendoim em alta velocidade. "Isso mesmo, garota", eu ensinava. Andamos pela cidade, indo da 43rd Street até o Bryant Park, e para minha surpresa Gizelle *se saiu bem*. Ela não tentou fugir de Manhattan; em vez disso, se misturou à calçada, que mais parecia uma via expressa de pessoas, e permaneceu ao meu lado. Seus quadris se mexiam conforme ela andava. Ela não parava ou empacava. Não se distraía pela movimentação ou pelos ruídos à nossa volta. Caminhava casualmente, sem prestar atenção em nada nem ninguém, como uma autêntica nova-iorquina. *Gizelle? Como você consegue fazer isso?*, pensei, desejando que ela me desse dicas sobre como agir mais como uma garota da cidade grande. Até ali parecia que Gizelle sabia lidar com Manhattan, mas não levou muito tempo até eu me questionar se Manhattan conseguiria lidar com Gizelle.

Quando atravessamos a 43rd Street e a Broadway na Times Square, Gizelle deu um susto no Batman. Enquanto nos aproximávamos, Bruce Wayne puxou a capa para se cobrir e escondeu seus músculos recheados de enchimentos atrás de seu rival mal-encarado, Bane. "Cacete! Que cachorro enorme!", exclamou o Batman. Gotham estava correndo sério perigo.

Gizelle e eu nos vimos em meio a um mar de personagens infantis: Hello Kitty, Elmo, Buzz Lightyear, a Power Ranger rosa, Mario e Luigi. Todos circulavam pela calçada movimentada assim como o Batman, usando roupas que pareciam ter saído de uma loja de artigos de festa. E, assim como o Batman, todos os personagens recuavam e apontavam, às vezes levantando a máscara, expondo o rosto suado e vermelho, e olhando Gizelle com assombro, como se ela tivesse um superpoder que eles nunca haviam enfrentado.

O Naked Cowboy, artista de rua de longa data, famoso por trabalhar vestindo apenas cuecas brancas e botas de caubói, viu minha gigante malhada e em seguida ergueu os olhos para mim, perplexo, como se a louca fosse eu. Tive vontade de dizer: *Meu senhor, estamos em novembro e você está em plena Times Square tocando guitarra só de cueca. Ela é só um cachorro.*

Sempre imaginei os nova-iorquinos passando apressados uns pelos outros nas ruas. Eu os via em ternos pretos, concentrados, sérios e alheios a tudo que não fosse de seu interesse. Bem, não era bem assim que acontecia com a gente. Quando as pessoas viam Gizelle nas calçadas de Hell's Kitchen, pareciam perder o controle das emoções. Exclamavam qualquer coisa que viesse à mente.

"Isso não é um cachorro, é um monstro."

"Cujo!"

"Cacete!"

"VOCÊ É MALUCA!"

"Um leão!"

"Um tigre!"

"Uau!"

Acertar a espécie de Gizelle era quase um jogo, tipo mímica ou adivinhação, no qual os transeuntes precisavam soltar uma resposta o mais rápido possível.

"A Fera!"

"Mufasaaaaa!"

"Godzilla!"

"Beowulf!" (Grendel?)

"Um urso!"

"Uau!"

As pessoas adoravam me dizer que Gizelle era qualquer coisa menos um cachorro. Um sujeito em frente a uma delicatéssen na 8th Avenue me cutucou para dizer, educada e cuidadosamente, e com absoluta certeza: "Eu gostaria de avisar que isso não é um cachorro. É um tiranossauro rex." Ficou bem claro que ele queria me ajudar. Sua intenção era ter certeza de que eu sabia que, na verdade, estava levando um réptil carnívoro e feroz do fim do período cretáceo para passear, de modo que eu pudesse tomar as precauções necessárias.

Às vezes as pessoas também se davam ao trabalho de me informar que Gizelle era, de fato, um cachorro. Mas nessas ocasiões geralmente a informação vinha com outras palavras: "Porra! Esse cachorro é grande pra cacete!"

Parecia que ninguém tinha visto um cachorro antes, o que era estranho porque havia muitos na vizinhança. "Como você consegue ter um cachorro desses na cidade grande?", "Onde você mora?", "Qual o tamanho do seu apartamento?", as pessoas me perguntavam, como se fossem paparazzi. Às vezes alguém com um cachorro grande, como um labrador ou um golden retriever, parava e me fazia a mesma pergunta: "Meu Deus! Como é que você faz para esse bicho caber em um apartamento?" E para mim isso era sempre muito engraçado, porque quando eu olhava para

MINHA VIDA COM UMA AMIGA DE QUATRO PATAS

baixo era o labrador do sujeito que estava praticamente sapateando, correndo em círculos, enroscado na coleira ou pulando em duas patas sem parar atrás de uma bola na mão do dono, enquanto Gizelle, que ficava entediada se parasse em pé no mesmo lugar, a essa altura já estava deitada na calçada. Era impossível mantê-la limpa. Uma camada de fuligem da cidade grudava em sua linda pelagem tigrada toda vez que saíamos de casa. Essa camada de fuligem às vezes ia parar nos meus lençóis. Nem preciso dizer que os banhos se tornaram uma prioridade maior do que nunca. Os momentos em que eu permitia que Gizelle subisse nos lençóis também passaram a depender muito mais da frequência dos banhos.

A situação de Gizelle em relação ao cocô não ajudava muito os nossos esforços para nos integrarmos. Eles chamavam mais atenção do que eu jamais poderia ter desejado. Eu via os donos de cães pequenos catando, com dois dedos, as minúsculas caquinhas, usando o que eu só poderia supor que eram sacolinhas cor-de-rosa com perfume de melancia, enquanto eu usava sacos plásticos que roubava do supermercado, torcendo para que dois bastassem e para que não estivessem rasgados. Às vezes estavam. Talvez tirar com uma pá fosse mais fácil. No Tennessee, as fezes de Gizelle não atraíam espectadores. Eu as recolhia de um parque arborizado e tranquilo, jogava em uma lata de lixo e não era nada de mais. "É como se nunca nem tivesse acontecido, garota", eu a tranquilizava.

Agora que Gizelle tinha que fazer as necessidades nas calçadas movimentadas da Big Apple, na frente de grandes multidões, não dava para esconder. As pessoas cobriam o nariz ao passar e alguém sempre acabava gritando "Que nojo!".

Talvez tenha sido por isso que Gizelle levou uma semana para reunir coragem e fazer as necessidades em Manhattan. Nos passeios, ela me encarava como se eu fosse louca de pensar que ela usaria aquela calçada agitada e cheia de odores como troninho, tal qual todos os outros cães da cidade. Imaginei que ela se sentia como uma garota que precisa fazer cocô na casa do novo namorado ou em um banheiro químico — o mais provável é que a gente não consiga fazer. Não dá. A gente espera. Mas acho que Gizelle não entendeu que não era possível esperar. O banheiro químico agora era a nossa casa.

Uma semana se passou. Fui ficando preocupada. Liguei para a veterinária dela. Pesquisei no Google "Meu cachorro não consegue cagar" e "Como ensinar seu cachorro a fazer cocô no concreto". Andávamos por Hell's Kitchen até o Bryant Park, até estacionamentos privados nos quais ela estaria protegida por carros, até o chafariz perto da West Side Highway, mas Gizelle só farejava. Eu tinha uma vontade enorme de deixá-la batizar o gramado proibido para cachorros do Bryant Park se o que ela queria era exclusividade, mas conseguimos nos controlar. Então, um dia, acabou sobrando para Kimmy.

Kimmy e Gizelle estavam na 43rd Street com a 10th Avenue perto de um Dunkin' Donuts, um dos lugares preferidos de Kimmy. Ao sair apressada, Kimmy tinha decidido desafiar o destino e não levar junto um saco de supermercado, uma decisão estupidamente ruim. Gizelle já tinha aguentado por tempo demais. Do nada, ela empacou na calçada movimentada e se agachou. Depois de uma semana sem ir ao banheiro, segundo Kimmy, a coisa era tão grande que teria feito o Empire State estremecer. As pessoas desviavam do montinho gigante horrorizadas enquanto Kimmy ficou ali, de mãos vazias, com os braços para cima como um goleiro, tentando impedir os outros de pisar naquilo, sem saber o que fazer. Então ela prendeu a respiração, desenterrou de uma pilha de lixo um copo de café gelado extragrande do Dunkin' Donuts, que mais parecia um balde, para usar como pá, e acabou colocando a volumosa obra de Gizelle em uma lixeira que já estava transbordando. E me escreveu na mesma hora: "Meu Deus! Gizelle fez cocô! E caramba! Os cocôs da Giz são imensos." Respondi com emojis de cocô e de festa, e nós duas nos perguntamos se é assim que uma mãe se sente quando o filho ganha um Prêmio Nobel.

A Times Square é conhecida como o Cruzamento do Mundo por um motivo. Mais de trezentos mil pedestres passam por ela todos os dias.

MINHA VIDA COM UMA AMIGA DE QUATRO PATAS

Parecia haver tudo quanto é tipo de ser humano em um só lugar, e Gizelle e eu vivíamos entre eles, e às vezes eu sentia que estávamos vivendo em uma mistura de Las Vegas com Disney World. Às vezes parecia que havíamos caído em um poço e acordado em uma terra estranha, cheia de táxis buzinando, britadeiras trabalhando e gente para caramba. Era meio irônico, pois é exatamente o que acontece em *Encantada*, o filme cuja protagonista inspirou o nome de Gizelle. A ingênua princesa Giselle (Amy Adams) é empurrada para dentro de um poço por uma rainha malvada, caindo de seu mundo de conto de fadas perfeito, em desenho animado, e acaba ficando presa na vida real. Na Times Square, para ser mais exata.

Logo compreendi por que as pessoas dizem que Nova York é uma selva: porque a selva é cheia de criaturas extremamente exóticas. Graças a Gizelle eu conheci algumas delas. Um dos meus preferidos foi o nosso amigo pateta dos panfletos, que ficava na esquina da 43rd Street com a 8th Avenue usando uma placa do clube para cavalheiros Diamond. De óculos, cinquentão, com um cabelo que dava a impressão de que ele curtia fazer experimentos com eletricidade, nossos diálogos tediam a ser da seguinte maneira:

— Ohhh, oi, Gizelle! Oi! — Ele nunca deixava de cumprimentá-la, o que sempre acontecia no meio de um dia cheio de trabalho para ele. Acenava para o alto, empolgado; nunca podíamos passar sem parar para cumprimentá-lo. Ele se inclinava e afagava Gizelle, os olhos arregalados atrás dos óculos, e ela abanava o rabo educadamente. — Como *você* vai, Gizelle? Como vão as senhoras?

— Estamos bem — eu dizia, falando por Gizelle como sempre. — E você?

— Ah, estou bem... Strippers grátis! Lap dance! — gritava ele, no meio da conversa, com os folhetos na mão. — Tudo indo bem. Só trabalhando, pagando as contas... Mulheres nuas! Garotas de primeira!

Alguém pegava um folheto com uma gostosona no estilo Kardashian seminua e ele logo estendia outro.

— Estão indo para o parque?

— É, só vamos dar um passeio e uma corrida, respirar um ar fresco.

— Strippers! Strippers exóticas!... Que ótimo. Também adoro ar fresco.

Eu sorria e assentia.

— Está certo, bem, aproveitem a noite, moças. A gente se vê amanhã, espero. Tchau, Gizelle... Strippers! Garotas gostosas e sensuais!

Eu e ele nunca nem soubemos o nome um do outro — atrever-se a perguntar qualquer detalhe da vida pessoal seria quebrar uma regra dos nova-iorquinos. Mas ele sabia o nome de Gizelle. Conversávamos quase todos os dias, ele fazia carinho na cabeça de Gizelle, e ela gostava dele — às vezes até apoiava o queixo no joelho dele enquanto ele coçava sua orelha. Eu também gostava dele. E eu nunca teria tido um motivo para falar com aquele homem se não fosse por minha cachorra. Isso tudo me fez pensar se eu poderia riscar oficialmente "desconhecidos" da lista de medos de Gizelle.

Outro dos meus diálogos preferidos acontecia quando encontrávamos um sujeito parecido com John Candy que usava uma camiseta preta de *O Fantasma da Ópera* por baixo de uma camisa havaiana vermelha desabotoada. Esbarrei com ele em frente ao Shake Shack da 8th Avenue. Ele ficou analisando Gizelle com umas caras estranhas antes de falar para ela "Olá, filhotão!" (gostamos dele na mesma hora).

Então olhou para mim.

— Posso passar a mão no seu cachorro?

— Claro! — Cheguei mais perto.

Por um momento ele ficou apertando as mãos de empolgação antes de se abaixar e afagar Gizelle na cabeça.

— Qual é o nome do cachorrinho? — perguntou, olhando para ela com carinho.

— Gizelle — respondi, satisfeita.

Ele ficou de queixo caído, em silêncio.

— Ai, meu *DEUS. GIZELLE?!* De *Encantada?!* — A voz dele ficava mais alta a cada exclamação. Eu sorri.

— É! Você conhece? As pessoas nunca conhecem.

MINHA VIDA COM UMA AMIGA DE QUATRO PATAS

Ele bateu palmas como quem reconhecia.

— Aimeudeus. *Garota*. Eu conheço.

E o que aconteceu depois foi algo digno de um filme. O homem fez uma reverência para Gizelle, uma linda reverência de balé, e começou a cantar a "Canção da limpeza" de *Encantada*. Ele girava e dava piruetas na calçada enquanto as pessoas passavam. Os pedestres encaravam Gizelle, mas ignoravam completamente o maestro bailarino das letras da Disney. Fiquei balançando a coleira de Gizelle no ritmo da música, certa de que esse era o tipo de coisa que só poderia acontecer em Nova York. E, também, certa de que estávamos no filme *Encantada* e tínhamos realmente caído em um poço até uma terra excêntrica e maravilhosa onde existiam pessoas como ele.

Embora Gizelle parecesse uma nova-iorquina nata, muitas vezes eu me perguntava o que ela estava achando da nova vida. Ela estava à vontade? Será que se sentia deslocada? Apesar de parecer bastante satisfeita, ainda havia coisas que a assustavam, como os ônibus. Gizelle nunca superaria o medo de ônibus. Ela recuava lentamente quando o motor de um M20 roncava pela 8th Avenue. E no instante em que o ônibus parava e o freio fazia aquele som de *kssssh* bem alto ela disparava na direção dos edifícios, pressionando seu corpanzil com força contra as paredes, e me arrastando com ela. Até hoje eu ainda levo um susto quando ouço um ônibus freando. "Está tudo bem, garota, não se preocupe", eu a confortava, parando para esfregar suas orelhas e acalmá-la até ela perder o medo, e nós seguíamos no nosso passeio pelo bairro.

De vez em quando a nossa vizinhança me assustava também. Morávamos perto de um lugar chamado "Times Scare", que era a única casa dos horrores permanente de Nova York. Então, como se não bastassem os caras empurrando carrinhos de cachorro-quente a toda velocidade, ou os milhares de turistas vidrados em suas câmeras SLR, os artistas de rua vendendo CDs, o sujeito perseguindo os outros atrás de "abraços grátis", ou as pessoas xingando a mim e a Gizelle, não bastasse tudo isso, havia também os sujeitos vestidos de zumbi. Eles vagavam pela nossa rua com

TIMES SCARE

feridas cheias de sangue e marcas de mordida pintadas na cara, rosnando e cheirando os turistas todos os dias do ano, para divulgar a casa dos horrores. Levando em conta o lugar onde Gizelle e eu crescemos, um subúrbio de Nashville tão tranquilo que famílias de cervos e perus selvagens vinham pastar no nosso quintal, a comunidade da Times Square era um tipo novo de normalidade, interessante e, por vezes, apavorante.

Com frequência caminhávamos pela 43rd Street até o rio Hudson para respirar um pouco de ar fresco, perto de um parquinho para cães que não passava de algumas vagas de carro com uma cerca em volta. Eu apoiava o corpo contra a balaustrada que margeava o rio e ficava olhando para a água. O cheiro forte de terra e sal do lixo misturado ao rio entrava em meu nariz, lembrando-me de que eu estava morando em uma ilha, e eu não conseguia decidir se nós duas estávamos presas lá dentro como os cães no parquinho ou se estávamos prosperando naquela cidade dos sonhos com o mundo inteiro ao nosso alcance: strippers, zumbis e tudo mais.

Certa vez um amigo me disse que Nova York é o único lugar no qual se pode viajar pelo mundo sem deixar as fronteiras da cidade, e eu esperava que isso fosse verdade, pois Gizelle e eu íamos permanecer ali, sem carro, chamativas e estranhas. O único lar que conhecíamos além daquele estava a centenas de quilômetros, no Tennessee. Tínhamos nosso primeiro apartamento de gente grande, um contrato de locação no meu nome e contas a pagar.

Eu via os aviões sobrevoando o Hudson e me imaginava decolando neles. Queria mais novidades; queria continuar viajando. Mas não podia. Eu tinha responsabilidades que havia assumido — tentar cuidar de um cachorro sendo uma jovem atarefada, procurar um emprego de verdade, pagar o aluguel, começar uma previdência privada (o que quer que fosse isso). A vida na faculdade e as viagens tinham ficado para trás. Eu permaneceria naquela louca ilha de Manhattan com a cachorra que os outros confundiam com Cujo ou Godzilla, não importava o quanto eu desejasse escapar de lá. Mas, para uma garota, ter uma cachorra grande que as pessoas chamavam de Cujo trazia algumas vantagens. Talvez nós ainda conseguíssemos escapar *de certa forma*.

63

MINHA VIDA COM UMA AMIGA DE QUATRO PATAS

Começou no Central Park à noite, um local aonde eu nunca teria pensando em ir sem minha dinossaura ao meu lado. Disparávamos pela 8th Avenue enquanto os clientes dos bares e restaurantes ficavam nos olhando como se fôssemos o elenco de Madagascar fugindo do zoológico. Os caras das pizzarias de um dólar paravam com a massa nas mãos, os fregueses do Shake Shack ficavam observando pelo vidro, uma onda de cabeças se virava ao mesmo tempo quando as desajustadas de NY passavam correndo. Voávamos no meio daquela manada de gente que saía do trabalho, íamos mais rápido que qualquer um ali, irrompendo em meio aos ternos enquanto as pessoas saíam da nossa frente. Tínhamos uma missão: deixar o mundo de concreto e arranha-céus para trás.

Quando atravessávamos o Columbus Circle e íamos até as árvores, eu olhava para Gizelle e dizia, como na época da faculdade: "Pronta? Chegamos! Tem grama! Olha a grama!" Então soltava a coleira dela e nós desaparecíamos pelo parque. Meus pés faziam um ruído leve sobre a grama e as patas de Gizelle afundavam e saíam rapidamente do chão. E, ainda que não fosse silencioso como nas montanhas, ouvir o som dos meus pés e das patas dela contra a terra me deixava relaxada.

Nós corríamos entre as árvores, até a calçada, e às vezes cruzávamos o parque até o Literary Walk, pelo qual eu andava com a cabeça virada para o céu iluminado. *Estou no Central Park! De noite! Com Gizelle!*, eu pensava. Só esse fato já compensava qualquer preocupação por ter me mudado para Manhattan. Eu me sentia tão segura no parque à noite com minha gigante gentil: ela batia na altura das minhas coxas, tinha um tórax largo e um passo forte e confiante. Desconhecidos nunca saberiam que minha cachorra com a cabeça do tamanho de uma bola de basquete na verdade tinha medo de bolas de basquete. No entanto, Gizelle fazia mais do que bancar a guarda-costas. Eu tinha 23 anos e não tinha ideia do que faria da vida. Mas quando Gizelle e eu corríamos juntas pelo parque, meus medos desapareciam. Eu sabia que nunca ficaria sozinha enquanto estivesse com ela.

Durante o dia, o Central Park pertencia a milhões de outros nova-iorquinos, mas à noite parecia ser só nosso. Caminhamos até o grande

TIMES SCARE

túnel da Bethesda Fountain. Ele era silencioso e todo dourado. Em seu interior, fazíamos todo tipo de descoberta. Certa vez havia uma mulher ensaiando Puccini em um vestido longo, e nós duas nos sentamos no chão para assisti-la como se fosse um espetáculo particular de ópera. Outra noite, foi um violinista de cartola que nos deixou pedir todas as músicas: "Bob Dylan!" "Elvis!" "Justin Timberlake!" "O Rei Leão!"

Eu caminhava voltando para casa como uma turista olhando para o céu. Muitas vezes, íamos parar na Biblioteca Pública de Nova York junto ao Bryant Park. As escadas estavam vazias e eu soltava a coleira para Gizelle ficar subindo e descendo, farejando o quanto quisesse até, enfim, encontrar um lugar para se sentar, com o traseiro em um degrau e as patas no degrau de baixo. Eu me sentava ao lado de Gizelle, com um braço em volta dela, repousando a cabeça em seu ombro como se ela fosse humana e aquilo fosse um banco no nosso quintal, e de certa forma era mesmo.

Mas para visitarmos o nosso refúgio favorito não era necessário calçar sapatos nem ao menos sair do prédio. À noite, subíamos cinco lances de escada até o topo do Rio. Eu chutava a porta quebrada que dizia PROI-BIDO ACESSO AO TELHADO, e ia para telhado. O ar fresco soprava forte no meu rosto. Ok, o piso do telhado inclinava-se formando um ligeiro U, parecia que tinha sido remendado com fita adesiva, havia fios que pareciam não servir para nada, e quando chovia formavam poças lá em cima, mas tínhamos a vista das luzes da cidade. Eu botava meus fones brancos nos ouvidos e me aquecia para o balé. E depois, já que não havia ninguém olhando (espero), eu fazia *pas de bourrée*, saltava e dava piruetas pelo telhado como se estivesse no palco do City Center. Gizelle ficava deitada ali do lado e assistia, seu rabo batia no telhado quando eu batia os dedos do pé e fazia uma reverência para ela.

Lá no telhado, ninguém me observava, a não ser Gizelle. Na verdade, Gizelle me assistia como se tivesse gastado o valor de todos os petiscos que ela ganhara na vida em um ingresso na primeira fila do meu espetáculo, e como se minha performance fosse digna de um Oscar. Às vezes, ela olhava para mim como se me amasse mais do que qualquer coisa no mundo inteiro. Às vezes, ela olhava para mim como se eu fosse o mundo inteiro.

Seis

Garota trabalhadora

De uma coisa eu não podia escapar: Nova York era uma cidade *cara*. Eu tinha preenchido o requisito básico: trabalhava como hostess e estava em treinamento para ser garçonete. Eu economizava como a maioria dos jovens em Nova York: nada de TV a cabo, comer fora ou pagar academia. Eu me divertia passeando com minha cachorra. Mas o simples fato de ter um cachorro em Nova York já era um luxo, especialmente um do tamanho de Gizelle. Eu gastava mais em comida para Gizelle do que para mim; ela volta e meia visitava o veterinário com um problema aqui, outro ali — uma infecção ocular, uma UTI — e precisava de medicamentos para prevenir filariose, pulgas e carrapatos, passeadores, produtos de limpeza para as orelhas, injeções e, como ela era enorme, suas despesas eram sempre tão grandes quanto ela. Então, usei meus recursos e lancei o argumento do "mas... Gizelle é o cachorro da família", e mamãe e papai me ajudavam a bancá-la, enquanto eu procurava desesperadamente meu primeiro trabalho de verdade para que também pudesse contribuir.

Como muitos jovens ansiosos que se mudam para Nova York, cheguei à cidade com grandes sonhos, pouca coisa em termos de poupança e quase nenhum contato. Só sabia que, para conseguir a minha fatia da Big Apple, precisaria trabalhar. E ainda que não tivesse exercido cargos de liderança e minhas "experiências" prévias não impressionassem ninguém — estágio no escritório do meu pai, caixa no quiosque de chinelos

MINHA VIDA COM UMA AMIGA DE QUATRO PATAS

do shopping CoolSprings, garçonete no Ruby Tuesday —, eu realmente queria uma vaga em um escritório no qual pudesse ser criativa e trabalhar em projetos que me interessavam. (Eu sei... *Millennials*.)

Meu bico como hostess era em um bar no Upper West Side que servia um confuso mix de sushi, fajitas, hambúrgueres e pasta primavera. Eu tinha o hábito de voltar para casa após meu turno no Hi-Life Bar & Grill, tomar um banho e rastejar até a cama. Mas, em vez de ceder ao desejo de uma boa noite de sono, pensava em meu pai me dizendo para "aguentar firme e continuar me esforçando" e Kimmy me prometendo que "alguém vai contratá-la alguma hora". Então eu pegava meu laptop, enfiava os dedos dos pés embaixo de Gizelle e continuava a busca. Eu sabia que só havia uma maneira de me apresentar como a melhor candidata àquele cargo incrível em Nova York, minha única chance de desfilar em um daqueles edifícios reluzentes na Midtown, usando o salto alto que Kimmy sempre me emprestava. Meu bilhete dourado para um emprego em algum lugar de Manhattan: meu currículo.

As buzinas noturnas da Times Square se arrastavam pelo apartamento. *Como vou fazer minha vida parecer muito mais importante do que ela é?*, ponderei, passando os dedos pelo teclado. Então olhei para Gizelle, deitada diante dos meus pés, e dei um tapinha na cama, chamando-a para ficar ali em cima comigo, e ela obedeceu: manobrou o corpo e se arrastou para a cama até repousar o focinho na borda do meu computador. Sentei por um momento, acariciando sua bochecha e as orelhas sedosas. Eu sabia exatamente do que precisava. Expressões rebuscadas. Eu precisava de expressões rebuscadas. Palavras como:

Excelentes habilidades de comunicação. Está certo, isso era verdade. Minha melhor amiga não era humana e, mesmo assim, eu tinha acabado de me comunicar com ela de forma eficiente.

Boa em solucionar problemas. De fato, eu morava em Manhattan com uma cachorra do tamanho de um Mini Cooper. É só fazer as contas.

Estrategista e capaz de trabalhar em equipe. Criar Gizelle exigia coordenar os passeios com Kimmy e lidar com uma série de babás gratuitas de confiança.

Excelentes habilidades para falar em público. Eu já tinha me apresentado na frente de grandes grupos de turistas na Times Square, fazendo discursos como "Esta é Gizelle, ela tem cerca de 75 quilos. Sim, é isso mesmo. Sim, a pelagem dela é chamada de tigrada. Não, você não pode montar nela, senhor. Sim, mastim *inglês*. Não, não é um cane corso. Não, também não é um chihuahua. (Haha.) Sim, podem tirar fotos..."

Depois afirmei que tinha domínio de Excel e Photoshop, era organizada e atenta a detalhes, e assim fui à luta, me candidatando para quase todas as vagas de nível básico disponíveis em Manhattan, na esperança de encontrar uma profissão.

Meu sonho era ser jornalista de viagens. Eu também queria começar uma empresa de camisetas, criar uma organização sem fins lucrativos para cuidar de cães grandes e abrir um restaurante chamado Carbs You Dip in Stuff. No entanto, eu não sabia como se fazia nada disso. Só sabia o valor do meu aluguel. Então, decidi baixar minhas expectativas por um tempo e me concentrar em arrumar um emprego estável, algo com oportunidades de crescimento, ainda que às vezes me aterrorizasse pensar no que ia me tornar quando crescesse. Muitas vezes eu achava que não passava de uma filha do meio sem talento, desmiolada e indecisa que queria ser muitas coisas ao mesmo tempo. Eu era uma garota confusa, morta de medo de crescer, desejando poder seguir saltitando por aí para sempre e nunca sossegar.

Mas eu afastei esses medos e me concentrei em iniciar uma carreira da mesma forma como Gizelle se concentrava na fatia de pizza de um dólar sempre que eu tinha uma na mão. Ela encarava a fatia de pizza com um misto de desespero e determinação, como se, ao observá-la por tempo suficiente, a fatia fosse milagrosamente passar a ser dela. Eu queria um daqueles empregos importantes, badalados e desgastantes de Manhattan, que tivesse água San Pellegrino de graça na cozinha e doces na recepção, uma sala de correspondência, controle de segurança, um crachá com a minha foto e uma vista para o Empire State. Eu *queria* usar uma saia lápis! E não ia desistir; eu não ia nem olhar para o lado, nem mesmo por um segundo, até conseguir.

MINHA VIDA COM UMA AMIGA DE QUATRO PATAS

Devo admitir que procurar um emprego no meu tempo livre não era tão ruim. Eu passava o dia inteiro com Gizelle. Às vezes fazíamos um intervalo e andávamos até o Central Park em uma terça-feira à tarde. Eu levava o laptop para o Bryant Park e ficava me candidatando às vagas enquanto descansava sob as copas das árvores com minha mastim aos meus pés.

Enviei aquele currículo sem parar, e ele me ajudou a conseguir alguns bicos. Arrumei um trabalho freelance para escrever sobre lava-louças e pneus, depois uma vaga em uma agência de empregos temporários arquivando documentos que pareciam escritos em hieróglifos. Na semana seguinte, auxiliei um advogado importante da área de entretenimento no West Village que, ao me ouvir atendendo o telefone, se virou para me encarar e perguntou se aquela era a minha "voz de verdade" (ainda tenho a voz fina da minha mãe, a propósito). Consegui trabalhos temporários em showrooms no SoHo e em balcões de recepção em Midtown. Fui a dezenas de entrevistas e era constantemente rejeitada. *Ninguém nunca vai me levar a sério com essa maldita voz.* Também me candidatei a todas as vagas de redatora que consegui encontrar, mas parecia que nem minha caneta, nem minha personalidade, nem nenhuma das outras ferramentas com que eu contava até ali me arrumariam um emprego.

Comecei a achar que eu não era ninguém. Mas continuava desesperada para me manter ocupada e produtiva, para aproveitar cada momento. Então, toda vez que saía com Kimmy, bebia demais e passava o sábado dormindo, eu acabava me sentindo culpada. Mas toda vez que ficava em casa eu me sentia culpada por não estar aproveitando a vida noturna de Nova York no auge dos vinte e poucos anos. As coisas nunca estavam boas o suficiente. Tudo o que eu queria era viver meu momento e acreditar que estava exatamente onde deveria estar, mas na maioria das vezes só me preocupava com todos os lugares onde eu não estava.

Um passeio com Gizelle no Central Park à noite era sempre bem--vindo. Quando cruzávamos o Columbus Circle e íamos até as árvores, eu soltava a coleira e sempre sentia como se tivéssemos saltado uma cerca e nos libertado. Eu via Gizelle disparar e corria atrás dela, precipitando-

-me entre os postes e as árvores, e os ruídos da cidade desapareciam com a distância.

Eu não queria esgotá-la ao correr com ela, mas ainda queria me exercitar, então criei uma "Corrida de Mastim", um esquema de treino em que eu corria erguendo os joelhos bem alto, quase sem sair do lugar, enquanto Gizelle passeava ao meu lado, sem pressão para me acompanhar. Esse estilo de corrida não era muito popular como forma de exercício, mas era ótimo para noites no parque, quando ninguém estava olhando.

Às vezes nós corríamos *de verdade*. Rápido. "Vai, garota, vai! Corre! Corre! Corre!", eu gritava para Gizelle, enquanto nossos pés disparavam pela grama. Quando corria, eu me sentia poderosa e a vida parecia simples. Não era preciso tomar decisões; a única coisa que eu tinha que fazer era pôr um pé na frente do outro e não olhar para trás. Quando eu corria, era fácil me manter concentrada em uma coisa só. Então, para manter essa concentração, eu fazia listas como uma forma de tentar organizar a vida à minha frente.

Certa noite, após muitas listas, muitos currículos e alguns meses de entrevistas, trabalhos temporários e tentativas de "aguentar firme", eu estava sentada no futon com Gizelle analisando outras oportunidades de emprego (ou seja, perseguindo no Instagram pessoas que tinham empregos e vidas cem vezes melhores do que a minha) quando apareceu na minha caixa de entrada um e-mail do Derek, diretor de relações públicas de moda. Eu havia trabalhado no escritório dele como temporária e tinha feito uma entrevista para lá algumas semanas antes.

— Kimmy! — eu gritei. Ela estava no chuveiro. — Kimmy! — berrei mais alto, pulando do futon com o laptop na mão para invadir o banheiro fumegante, enquanto Gizelle vinha atrás, também tentando entrar no banheiro. Abri a cortina do chuveiro.

— Kimmy!

— O que foi? — perguntou ela enquanto tirava a espuma dos olhos, nada surpresa por eu ter interrompido seu banho. Nada a constrangia.

MINHA VIDA COM UMA AMIGA DE QUATRO PATAS

— Kimmy! Consegui um emprego!

— Conseguiu um emprego? — O rosto dela se iluminou.

— Sim, um emprego! Um emprego de verdade!

Ela fechou o chuveiro, saltou para fora do banho, enrolou-se em uma toalha e bateu a mão na minha várias vezes, comemorando e agitando Gizelle, que ficou acertando a porta com o rabo enquanto lambia a água do chão, ainda tentando abrir caminho para dentro do banheiro.

— Conte-me tudo! Conte-me tudo! Qual é o emprego?

Meu primeiro emprego era no escritório que eu imaginava. Cuidadosamente decorado, com uma iluminação branca moderna, piso de cimento e acabamentos brancos nas paredes e araras de roupas espalhadas por corredores elegantes. Havia grandes janelas que davam para a Freedom Tower ao sul e para Tribeca e o resto de Manhattan ao norte. O lugar ainda tinha um café com queijo quente a um preço acessível! Eu tinha meu próprio título e assinatura de e-mail.

Lauren Fern Watt

Relações-Públicas da Gap

Assistente de RP, América do Norte, RP de moda

Thomas Street, 55, 14º andar

Meu primeiro emprego oficial, e era na Gap Corporate, uma marca de roupas conhecida no mundo inteiro. No primeiro dia, recebi um crachá com a minha foto. *Check!* Andei em um elevador que tinha até TV. *Check!* Olhei para a vista do Empire State, e durante uma sessão de fotos passei a vapor uma arara de roupas enquanto ouvia hip-hop. *Check!* Depois me levaram para a minha sala. Havia uma placa junto à porta. Eu esperava que ela dissesse: LAUREN FERN WATT, ASSISTENTE DE RP. Mas não. Em vez disso, dizia: ALMOXARIFADO.

Eu não me importava de trabalhar em um almoxarifado. Ele era enorme, cheio de caixas e araras, e na mesa havia um notebook Dell antigo e um quadro de avisos no qual pendurei uma foto de Gizelle. O quartinho tinha

GAROTA TRABALHADORA

até uma janela que dava para a parede de tijolos de outro prédio, o que para mim era a versão nova-iorquina de um vitral. Havia montes de sapatos e várias araras de rodinhas recheadas com camisas, parcas, suéteres pesados de tricô e coletes, tudo desorganizado. O lugar era uma zona, parecia que no meio da Black Friday algum cliente tinha virado uma loja outlet da Gap de cabeça para baixo e jogado tudo dentro daquele cômodo.

Meu chefe, Derek, nasceu para trabalhar com RP de moda. Ele entrava e saía do quartinho em sua jaqueta jeans junto de uma equipe de estilistas e editores para pegar bolsas transversais de couro sintético e botá-las em uma seção de "50 itens abaixo de US$50" ou camisas de flanela para uma seção xadrez de "volta às aulas". Quase nunca precisavam de mim, o que me fazia sentir meio insignificante. Mas acho que era pior quando queriam algo de mim. Toda vez que Derek me pedia algo, meu rosto ficava quente e eu começava a soltar expressões sem sentido: "Sim! O blazer escolar! *GQ!* Uhhh... talvez! A jaqueta bomber de patchwork azul-marinho icônica da GAP?"

Não demorou muito para me dar conta de que minha principal função era descobrir maneiras novas e criativas de desempacotar e fazer caber 87 caixas grandes de jeans em um quartinho que já estava lotado com 87 caixas grandes de jeans, uma tarefa que às vezes me fazia lembrar de Gizelle, quando ela tentava entrar no nosso banheiro compacto e apertado de manhã para se juntar a Kimmy e a mim, já espremidas lá dentro. Ela abria caminho atrás das nossas pernas, nos empurrando contra a pia com a cabeça apoiada na borda da banheira, enquanto Kimmy e eu dividíamos o espelho, um secador de cabelos sobre a tampa do vaso, rímel na pia, e ao tentar sair quase caíamos sobre um cachorro do tamanho de um pônei. Era impressionante, de verdade. Gizelle sempre teve talento para dar um jeito de se encaixar em lugares extraordinariamente pequenos. E quando eu ficava sentada dentro do quartinho no trabalho, soterrada sob as caixas de jeans, eu desejava que Gizelle viesse para me mostrar como organizar tudo usando seu talento para fazer caber coisas que não cabem.

Eu não tinha um dom natural para organizar cômodos, e era quase como se a Big Apple me dissesse: *Ah, mas você não queria trabalhar muito?*

Não queria subir na vida corporativa? Pois bem, acha que antes disso consegue subir nessas caixas? Geralmente havia tanta coisa para desempacotar que eu acabava empurrando algumas caixas fechadas para o fundo do quartinho e trocando as etiquetas para parecer que as novas eram antigas. Muitas vezes eu saía do trabalho de cabeça baixa, me sentindo um nada, querendo saber o que fazer da vida, desejando ter um trabalho com um propósito.

Tentar conciliar as responsabilidades de ter uma cachorra com um emprego integral era outro desafio. Toda noite eu pensava: *Certo, vou acordar bem cedo, levar Gizelle para dar uma volta ainda no horário em que permitem cães sem coleira, ler, escrever, meditar ou algo do tipo e arrumar o cabelo de verdade para ir trabalhar.* Mas aí chegava o dia seguinte e eu acordava com Kimmy atirando um travesseiro na minha cara e gritando da porta: "Já dei uma volta com a cachorra. Você está atrasada!"

Em algumas manhãs eu conseguia acordar, com o despertador ainda tocando no outro canto do quarto — onde eu o colocava para que fosse *obrigada* a sair da cama para desligá-lo —, e meu primeiro pensamento do dia era de negação. *Com certeza eu não preciso ir passear com a cachorra antes do trabalho. Não é possível que eu tenha que ir até aquele caos da Times Square e catar um monte gigantesco e quente de cocô na frente de uma multidão, depois achar alguma coisa para vestir, correr até o metrô lotado para chegar no trabalho às nove da manhã. De onde eu tirei que era isso que queria fazer? Sem dúvida isso é alguma piada de mau gosto.*

Mas Gizelle pertencia a mim e era minha responsabilidade. Fugir dos passeios e ficar enrolando muito tempo na cama me remetia à minha mãe. Eu tinha horror à ideia de me tornar a minha mãe. Não podia nem tirar um cochilo ou ficar deitada vendo TV sem sentir uma culpa imensa por ser preguiçosa. Então me esforçava para conseguir levantar sem desligar o despertador várias vezes, levar Gizelle para uma volta e chegar ao trabalho no horário. Logo percebi que, se Gizelle e eu acordássemos cedo mesmo, podíamos correr até a Times Square às seis da manhã, quando as ruas estavam vazias. O nascer do sol banhava tudo por ali de rosa. Não havia panfletos de shows da Broadway nem lixo jogado no chão, nem personagens de desenho animado ou homens de colete verde vendendo

GAROTA TRABALHADORA

bilhetes para um city tour, apenas alguns garis e famílias sorridentes espremidas do lado de fora do estúdio de gravação do programa *Good Morning America* segurando seus cafés. Era fascinante.

A única coisa que não era sempre fascinante era a chuva. Se estivesse chovendo, Gizelle poderia muito bem decidir que não estava com vontade de ir ao banheiro naquela manhã. Dávamos voltas e mais voltas no quarteirão. "Vamos lá, garota! Faça um cocô para a mamãe!", eu tentava convencê-la. Mas ela parava para cheirar TODA ÁRVORE QUE ENCONTRAVA. Eu balançava a guia, aí Gizelle parava por um instante e eu me enchia de esperança, e logo ela seguia em frente para a próxima árvore. "Gizelle! Estou atrasada!", eu avisava, cobrindo-nos com meu guarda-chuva vagabundo e quebrado que era a mesma coisa que nada. "Nenhum desses lugares parece adequado, garota?", eu perguntava. "Deseja que eu plante uma roseira para você, princesa?" Ela ia, com toda calma, de árvore em árvore, até a hora em que eu desistia (*ela teria que se segurar naquele dia*). Eu voltava apressada para o apartamento, correndo pela rua com Gizelle a reboque, para tentar atravessar antes que o sinal fechasse para mim. Eu via a contagem regressiva da faixa de pedestres: 7, 6, 5, 4...

"Vem, Gizelle! Vamos logo, garota!"

E então, sem nenhum sobreaviso, no meio da avenida, eu sentia um puxão na coleira, olhava para trás, e lá estava Gizelle com as patas traseiras dobradas, me encarando, agachada.

3, 2, 1...

FONFOOOOOOMMMM! FOM! FOM!

Além de cuidar de necessidades básicas como levá-la para passear, eu ficava preocupada por deixar Gizelle sozinha o dia inteiro. Ela fazia parte da minha rotina diária de arrumação para o trabalho, me seguindo até o banheiro minúsculo, apoiando o focinho na borda da banheira ou lambendo a água do chão. Gizelle sempre se sentava aos meus pés quando eu estava na cozinha, depois me seguia de volta para o quarto e me assistia enquanto eu experimentava as roupas, e por fim se acomodava, espalhando-se por cima da montanha de blusas que eu tinha descartado.

MINHA VIDA COM UMA AMIGA DE QUATRO PATAS

Então me seguia até a porta, de onde não podia mais vir atrás de mim. "Tchau, garota", eu dizia com tristeza, ela me encarava com aquela cara clássica de mastim, tão desolada e comovente que eu podia jurar que ia cair uma lágrima de seus olhos a qualquer momento. Uma cara que me fazia sentir que meu coração estava se despedaçando em mil. "Também sinto muito por você não poder vir junto."

Ela tinha um passeador, sempre que necessário, e o veterinário me lembrava de que mastins podem dormir até 18 horas por dia. Kimmy também saía com ela, às vezes ao passar em casa na hora do almoço. Além disso, o veterinário dizia que Gizelle provavelmente ficaria bem satisfeita descansando no futon enquanto eu estivesse trabalhando. Mesmo assim... Eu lhe dava água e comida extras, deixava todos os brinquedos bem na frente dela no sofá antes de sair, tentando enfiar o brinquedo vermelho de corda em sua boca, porque era seu preferido. Às vezes Kimmy e eu botávamos Beach Boys para ela ouvir, ou música clássica, ou até aulas de italiano durante uma época, depois eu disparava até a estação, pegava o metrô até Tribeca, subia de elevador, corria para o meu quartinho de estoque e continuava a cometer erros.

Eu enviava blazers para os editores quando o certo era enviar parcas, perdia amostras de tênis importantes e importunava Derek com perguntas cujas respostas eu deveria saber. Enviava planilhas de Excel por e-mail para Kimmy pedindo socorro (*por que* fui falar que dominava Excel?). O mais memorável foi o dia em que percebemos que não tínhamos nenhum short boyfriend tamanho 38 para o evento #Lifeisshorts que ia acontecer *naquela* noite, então me mandaram ir a cada uma das lojas da Gap de Manhattan e recolher todos os shorts desbotados tamanho 38 que eu encontrasse. "Pegue o máximo que conseguir!", meu chefe disse por e-mail. Consegui juntar noventa shorts, me recompensei com um táxi pago pela empresa na volta e logo recebi um e-mail que dizia: "Noventa? Não dá para quase nada!"

"Aguente firme, filha! Você consegue!", a voz do meu pai ecoava na minha mente. Minha mãe também ajudava bastante. "Está precisando de um corte de cabelo, querida? Você tem dinheiro para cortar o cabelo?

GAROTA TRABALHADORA

Deixe-me dar um de presente a você!" e "Não, não, não, seu chefe não quer matar você. Apenas tenha certeza de que continua fazendo aquilo que a faz feliz. Estou tão orgulhosa de você, querida." Eu seguia em frente.

Depois de errar bastante, me dei conta de que eu não era um desastre completo. Eu era muito boa em sorrir nas horas certas, aprendi a usar os recursos e a dizer o que os outros queriam ouvir, e minha ética profissional ajudou a facilitar a organização das caixas. Mas muitas vezes eu me perguntava se a área de relações públicas era para mim. Eu via os editores que entravam e saíam correndo do meu quartinho. Eles pareciam imensamente cruciais para aquela coisa que tornava Nova York fantástica. Eu tentava ser grata por ter um emprego, mas a Big Apple e o emprego em uma grande empresa com todas aquelas pessoas descoladas, estilosas e importantes faziam a garota do estoque se sentir diminuída. Eu me perguntava o que eu e Gizelle estávamos fazendo naquela cidade. Era evidente: Gizelle era grande demais. Eu era pequena demais. A única coisa que eu sabia era que, se quisesse subir naquela vida corporativa de que todo mundo falava, teria que passar pelo menos mais um ano dentro daquele quartinho. *Adeus, aventuras*, pensei. Eu nunca mais viajaria, não com aquele salário, com aquela carga horária. Eu não ia a lugar algum além da minha casa na Times Square, o Cruzamento do Mundo, de uma marca internacional icônica que começava com G para outra G icônica e gigantesca, que pertencia somente a mim.

Felizmente, Gizelle me fazia lembrar que, por mais que Nova York nos faça sentir que precisamos ser individualistas, eu não era a única coisa que importava e meu emprego no quartinho não era meu único propósito na vida. Minha cachorra não estava nem aí se eu ganhava a vida desempacotando caixas de jeans. Toda vez que eu entrava em casa, ela pulava do futon (não era exatamente "pular": primeiro vinham as patas da frente e, em seguida, beeeeem devagar, as traseiras), depois abanava o rabo e se sacudia com uma alegria incontrolável, as patas batendo contra o piso de madeira. Gizelle me ajudava a parar de pensar em mim mesma e no meu trabalho e ir alimentar minha filhotona, porque ela precisava comer.

MINHA VIDA COM UMA AMIGA DE QUATRO PATAS

Então Kimmy chegava em casa. "Quer dar um banho na filhota hoje, chuchu?", ela costumava fazer essa pergunta nos dias quentes, abrindo uma garrafa de vinho barato depois de um longo dia em uma startup de internet. Eu olhava para Gizelle, que não estava exatamente cheirosa após suas aventuras pelas ruas de Nova York, e pensava: *Acho que a gente devia dar.* Então vestíamos os nossos shorts mais surrados e enchíamos o bule, a chaleira e o copo do liquidificador com água quente da pia, e nós três marchávamos para a varanda dos fundos do Rio. Cantávamos "Splish, Splash, I Was Takin' a Bath" [Splish, Splash, estava tomando banho, em tradução livre] aos berros, dançávamos e cobríamos Gizelle de espuma — ela nunca teve problemas com banho e esperava pacientemente enquanto era lavada. Isso quando a gente não se empolgava tanto com a música que acabava deixando o banho de lado e subia no Monstro do Pântano, balançando as toalhas no alto e dançando. Nessas ocasiões Gizelle aproveitava a oportunidade para se sacudir antes que tivéssemos terminado. "Rebola, Gizelle! Rebola, menina!", gritávamos, tentando desviar da água que ela jogava em nós como se fosse um irrigador.

O alívio que eu sentia ao ir para casa ficar com Kimmy e Gizelle me fazia pensar que de repente o objetivo do meu trabalho no quartinho era me ajudar a sustentar meus trabalhos mais importantes. O trabalho de lavar Gizelle e rir de como ela parecia idiota quando pingava água em sua cabeça. O trabalho de dançar pela varanda com as minhas melhores amigas e secar Gizelle com uma toalha quentinha, e depois abraçá-la com força quando ela já estava limpa e cheirando a cachorro e sabonete. Eu precisava lembrar a menina do quartinho do trabalho de viver, rir e amar fora daquele cubículo. Talvez houvesse um motivo para as pessoas pintarem com estêncil aquelas palavras cafonas na parede de suas casas... Mesmo que eu fosse péssima no meu trabalho e fosse uma zé-ninguém total em Nova York, não significava que eu era péssima em todo o resto. Quem sabe eu até pudesse fazer um currículo meu como ser humano... E talvez eu nem precisasse mentir nele: *Lauren Fern Watt — Totalmente desorganizada. Não sabe o que está fazendo, mas tenta se manter positiva. Excelentes habilidades em viver, rir e amar.*

Sete

Conheça um rapaz

Uma amiga me disse certa vez que a gente pode afirmar que conquistou Manhattan quando consegue um emprego, um cachorro, um apartamento e um namorado. Se essa era a regra, agora só me faltava um dos quatro requisitos.

Portanto: homens. Kimmy e eu nos aventurávamos pelos bares do bairro atrás deles, mas tudo o que encontrávamos eram caras do mercado financeiro casados com suas carreiras, turistas, garotos bonitos de mãos dadas com outros garotos bonitos e mais mulheres como nós, em busca de rapazes. O escritório da Gap não oferecia muitas opções do sexo masculino interessadas em mim. Eu até via caras atraentes nas calçadas, mas eles andavam muito rápido.

A única vez que conseguimos achar meninos bonitos foi na época do Halloween, quando tínhamos acabado de chegar em Nova York. Entramos em um bar chamado Dead Poet, no Upper West Side, vestidas como um par de pandas, combinando. Lá, de pé bem na entrada, como se um zoológico tivesse planejado tudo, havia dois ursos-polares machos altos e bem-sucedidos. Era o destino! Quando dei por mim (depois de algumas doses de Jack Daniel's) os quatro ursos estavam se enfiando em um táxi com destino ao Rio. O urso-polar foi embora antes de eu acordar, esqueci o nome dele, e ele não deixou um telefone. Mas escreveu um recado no quadro atrás da porta: "Valeu." Ser solteira em Nova York era sempre cruel assim?

MINHA VIDA COM UMA AMIGA DE QUATRO PATAS

Eu tinha ido morar naquele lugar em busca de mim mesma — e não de um namorado —, e normalmente ficava satisfeita me aventurando pela cidade com Gizelle. Gostava da minha independência, e para mim era importante ser o tipo de mulher que não dependia dos outros, especialmente de homens, para ser feliz. Mas conforme os dias iam passando eu não conseguia deixar de notar que, em uma cidade com oito milhões de pessoas, eu estava começando a me sentir um tantinho solitária. Em uma cidade com oito milhões de pessoas, eu não conhecia muita gente. E, embora sentisse orgulho de não ter medo de fazer as coisas sozinha e sempre tivesse Gizelle comigo e não *precisasse* de um namorado, eu ainda era uma boba que amava os contos de fadas da Disney. Queria acreditar que um dia eu me apaixonaria perdidamente por um homem, e ele me amaria também, e nós ensinaríamos coisas um ao outro, riríamos juntos, e seria impossível imaginar minha vida sem ele. (No entanto, eu nunca admitiria isso para ninguém.)

Ei, toda garota pode sonhar, não é? Mas também pode ser realista. Se Nova York tinha me ensinado alguma coisa, era a ser eficiente. Eu já estava me cansando de ficar indo a bares, até porque eles eram caros. Então fazia todo sentido do mundo parar de sonhar, de reclamar e de me convencer que conhecer caras on-line era coisa de gente desesperada, e utilizar uma das ferramentas que aqueles cupidos geniais do Vale do Silício inventaram para ajudar os seres humanos: o Tinder.

Baixei o aplicativo. O primeiro passo era escolher uma foto de perfil, e o último passo era também escolher uma foto de perfil. O Tinder não tentava disfarçar suas prioridades. Fora um pequeno campo em branco para texto que você pode preencher com uma autodescrição/autoaniquilação do tamanho de um tweet, tudo que você precisa fazer é botar algumas fotos. Podem ser até selfies. É muito simples.

Era uma quinta à noite quando Kimmy e eu fomos com tudo. Largadas de moletom no futon com Gizelle, enfiamos a cara no celular. "Corre, viaja pelo mundo, relações-públicas de Nashville. Mora em Manhattan com uma cachorra gigante", eu digitei, e postei uma selfie desinibida e

80

CONHEÇA UM RAPAZ

chamativa com Gizelle ao meu lado, imaginando que se um cara não aceitasse uma cachorra imensa seria melhor me livrar dele logo de cara. Mostrei a obra-prima que fiz no meu perfil do Tinder para que Kimmy aprovasse enquanto Gizelle aninhava a cabeça no meu colo, esticando as patas e empurrando a mim e a Kimmy ainda mais para as pontas até que ajeitamos os pés em cima dela. "Isso aí! Está perfeito", concordou Kimmy, mal olhando, porque ela já estava perdida no mundo do Tinder, passando o dedo sem parar pela tela do telefone. Eu a imitei, deslizando o dedo com ceticismo por todos os meninos que se diziam solteiros em um raio de quarenta quilômetros de distância do Rio.

Brooks, 25 anos, posando com um tigre enjaulado? Não, eu preferia a sósia de tigresa cujo focinho estava enterrado no meu colo.

Kevin, comemorando com o punho fechado, uma garrafa de vodca Grey Goose nos lábios? Provavelmente não é o tipo de cara que saltaria da cama e levaria Gizelle para passear se eu passasse a manhã desligando o despertador. Além do mais, eu prefiro uísque.

Nick, sem rosto? Ok, seu abdômen é legal, mas tem alguma cabeça presa a esse tronco?

Matt, beijando um gato?

Quer dizer... Eu adoro animais, mas sempre vou preferir alguém que ame cães.

Dei like em um monte de meninos com cachorro. Isso facilitava as coisas. E, quando parecia não haver esperanças para mim, era divertido também usar o Tinder para Gizelle, imaginando como ela ficaria andando no parque ao lado dos cachorros que apareciam nos perfis. Esquerda. Esquerda. Esquerda. Direita. Esquerda. Eu ia passando as fotos, rindo, cutucando Kimmy com meu pé para mostrar para ela os caras que achava especialmente ridículos, zombando como uma menininha dos garotos que batalhavam por atenção na tela. Enquanto eu fazia isso, Gizelle ficava emitindo uma série de suspiros profundos e constantes. Ela era silenciosa ao inspirar, mas expirava soltando uns gemidos fortes e dramáticos, que lembravam o Chewbacca. Se ela pudesse revirar os olhos para mim, seria desse jeito. Dei um tapinha leve na cabeça dela, continuei deslizando a tela até que...

It's a Match! As palavras flutuavam na minha tela com uma elegância típica de uma animação de PowerPoint. Tentei lembrar qual "Conner, 27" era aquele. Não havia nenhum sinal de um cachorro no perfil dele, mas isso não era motivo para descartá-lo. Aproximei o rosto do celular para analisar melhor. Nós dois tínhamos fotos de bungee jumping, e a menos que ele fosse extremamente talentoso em forjar coisas no Photoshop, parecia que ele também tinha subido até Machu Picchu.

Quando minha foto de perfil, aquela em que estou com Gizelle, apareceu ao lado da foto de Conner, nós três fizemos a tela brilhar. Ficávamos bem naquela tela. Alguns segundos depois, ele me escreveu.

"Lindo cachorro", escreveu Conner. "Qual é o nome dele?"

"Gizelle."

"Que ótimo nome."

E foi assim, o primeiro cara com quem falei no Tinder.

Trocamos telefones e começamos a nos falar por mensagem. Enviei para ele a foto de Gizelle no meu terraço na Times Square, e ele me mandou uma foto de um mestiço de pit bull chamado Wolverine que morava com ele na época da faculdade. Wolverine vestia um casaco de moletom de Michigan. Depois mandou uma foto dos cachorros dos pais dele, três papillons pretos e brancos, bem peludos e com os dentes inferiores projetados, também com roupas de Michigan. Tudo estava indo muito bem! Foi quando ele enviou outra foto, uma garrafa de vinho chique no saguão da primeira classe de um aeroporto. E comentou que havia visto o George Clooney lá. Isso me soou meio arrogante, mas tudo bem. Conner tinha jogado futebol americano na faculdade, estudou em Sydney por um ano, trabalhava em uma startup de tecnologia em expansão e fazia curso de sommelier nas horas vagas, por diversão. Decidimos nos conhecer.

Era primavera no Bryant Park. O rinque de patinação no gelo do inverno tinha sido derretido e retirado, e o enorme gramado verde voltara a servir

CONHEÇA UM RAPAZ

de mesa para o almoço de homens e mulheres de negócios privados da natureza e suas saladas compradas na Chop't. Pombos balançavam a cabeça e se banhavam nos chafarizes, tulipas cor-de-rosa brotavam em grandes vasos de cimento, os cavalos do carrossel davam voltas sem parar ao som de músicas francesas de cabaré.

Cheguei com 12 minutos de atraso e lá estava ele, sentado com um tornozelo apoiado no joelho, atrás de uns caras de terno que pareciam do mercado financeiro e se amontoavam em volta do bar na área descoberta do Bryant Park Grill. Ele estava sob um guarda-sol verde grande — que ficava embaixo de um guarda-sol ainda maior formado pelas árvores —, BlackBerry na mão, esperando por mim.

Senti como se os pombos do parque tivessem ido parar no meu estômago. Caminhei na direção dele, olhando para baixo e rezando para que ele me reconhecesse e eu não tivesse que ser a única responsável pelas apresentações. Olhei para o meu celular, na esperança de parecer ocupada e requisitada, quando na verdade eu poderia contar nos dedos de uma das mãos o número de pessoas que poderiam me mandar mensagens naquela hora.

Senti que Conner olhou para mim e minhas bochechas começaram a arder. Acabei me forçando a erguer o rosto e nossos olhares se encontraram. Ele sorriu e ficou me olhando. Não tinha mais como voltar atrás. Guardei o celular no casaco e dei um leve aceno de reconhecimento enquanto ele se levantava e nos aproximávamos lentamente. Ele era mais alto do que eu esperava e usava uma camisa de botão azul-clara que mostrava um peitoral largo. Por um instante me perguntei se eu tinha arrumado o cabelo depois de ficar deitada com Gizelle antes de sair do Rio. Passei as mãos pelo meu emaranhado de fios louros e joguei o cabelo por cima de um dos ombros, deixando o outro à mostra, de um jeito que eu esperava que fosse provocante. *Lembre-se, Lauren, você é legal. Seja você mesma. Ah, mas fale com uma voz mais grave. É, sedutora tipo Scarlett Johansson. Você é a Scarlett.*

MINHA VIDA COM UMA AMIGA DE QUATRO PATAS

"Olá!", balbuciei, indo abraçá-lo com um braço só, casualmente. *Droga. Foi agudo demais, Lauren, agudo demais. Faça uma voz mais grave, mais grave.* "É um prazer conhecê-lo, finalmente!", berrei. *Não! É empolgação demais. Scarlett nunca falaria isso desse jeito.* Mais tarde Conner me contaria que ficou surpreso que a minha voz fosse, bem, como ela é. Mas acho que ele usou a palavra "assustado".

Conner era mais bonito do que eu esperava. Tinha os ombros largos de quem já tinha jogado como linebacker, mãos grandes de jogador de futebol americano, cabelos castanhos e curtos em um corte tipo Chandler Bing e estava usando calças de corte reto. (Eu vestia Gap da cabeça aos pés, na esperança de que parecesse Rag & Bone.)

Nós nos acomodamos à mesa e pedimos dois gins tônicas. Conner se recostou na cadeira e eu cruzei as pernas, pondo um joelho sobre o outro e as mãos no colo. "Que bom que estamos fazendo isso. Meu trabalho está uma loucura", disse ele, seguido de um curto silêncio que eu preenchi com um sorriso e um aceno animado com a cabeça. Então eu logo avisei que aquele era o primeiro encontro que eu marcava pelo Tinder e que eu nunca fazia esse tipo de coisa, e também que era nova na cidade. Embora aparentemente eu *fosse* o tipo de pessoa que fazia esse tipo de coisa — afinal, eu estava ali. Por algum motivo, a imagem de Gizelle finalmente vencendo sua resistência no passeio com Kimmy veio à minha mente. Ela sempre tinha se visto como alguém que fazia cocô na grama, mas de uma hora para a outra ficou desesperada e se tornou o tipo de cachorro que fazia as necessidades na calçada.

Os drinques cintilavam sob o sol. Conner me escutava tagarelar sobre as duas G's da minha vida: Gizelle e a Gap. Pude perceber que ele dizia "é" muitas vezes, mesmo antes de eu terminar as frases. Será que ele sabia o que eu falaria em seguida e já estava concordando? Ou será que estava nervoso no primeiro encontro e não sabia exatamente o que dizer? Então foi a vez de ele falar sobre o curso de enologia que estava fazendo, sobre o estudo de vinho e de como ele passava os fins de semana visitando o Chelsea Market para comprar especiarias, e depois distribuí-las em potes e gastar muito tempo cheirando-as, e com isso melhorar seu desempenho nas provas às cegas. Ele fazia até cartões para se avaliar. "É divertido", afirmou. Olhei para ele, acenando com a cabeça como se dissesse *Fale mais sobre isso*, mas me perguntando se "divertido" era a palavra certa para descrever o ato de enfiar o nariz em um pote para cheirar orégano.

Tomamos um gole da bebida borbulhante em nossas taças, e bem quando eu começava a ficar sonolenta, encarando as tulipas do parque, que tinham o curioso formato de cálices, Conner mencionou que sentia falta de acampar e fazer trilhas e que logo viajaria até a Índia para o casamento de um amigo. Eu tinha visitado a Índia uma vez e havia adorado a viagem, e também sentia falta de acampar e fazer trilhas! Ainda não estava segura em relação a ele, mas estava disposta a conhecê-lo melhor. E, no momento exato em que eu reunia as palavras "Quer pedir mais uma rodada?", ele olhou para o relógio. "Preciso correr, para falar a verdade. Tenho um jantar com um cliente."

Ainda que não estivesse de relógio, eu sabia que nosso encontro não tinha durado mais do que quarenta minutos. *Era eu o problema?*, pensei, constrangida por me importar com isso.

"Ah, tudo bem", respondi, tentando disfarçar. "Preciso levar Gizelle para passear."

Ele foi embora, me dando outro abraço de um braço só, e eu fiquei ali parada na esquina da 43rd Street com a 5th Avenue, sem saber o que fazer.

Liguei para Kimmy para informar que ainda estava viva, e ela sugeriu uma noite de meninas regada a lanches do Shake Shack na varanda nos fundos do Rio. Gizelle e eu nos esparramamos no Monstro do Pântano. Kimmy, na cadeira à nossa frente, falava sem parar. "Esse cara parece um babaca", disse ela com a boca cheia, enquanto lambuzava uma batata frita ondulada em um dos inúmeros potinhos de ketchup. Tudo bem que Conner tinha ido embora rápido, parecia se levar muito a sério (a julgar pelo cabelo com gel e todos aqueles cartões de autoavaliação) e eu não conseguia lembrar se ele tinha sorrido ou dado uma risada em algum

MINHA VIDA COM UMA AMIGA DE QUATRO PATAS

momento dos quarenta minutos de conversa, mas "babaca" não parecia forte demais? Não era só uma típica reação de melhor amiga? Se o cara não gostar da sua amiga, basta chamá-lo de babaca. Ele *tinha* que ser um babaca... Mas e se ele não fosse?

Dei uma batata frita para Gizelle e depois apoiei a cabeça em seu ombro. Enquanto estávamos ali na varanda do Rio, que dava para um estacionamento iluminado com lâmpadas fluorescentes, olhei para baixo e fiquei observando aquele sofá que chamávamos de Monstro do Pântano — após passar o inverno todo coberto por neve, agora ele fazia uns ruídos sob o meu traseiro — e a garrafa de Charles Shaw que eu estava bebendo, já aberta havia uma semana. Eu não sabia se ia acabar namorando Conner, o cara obcecado por vinho e esportes, mas queria muito conhecer gente nova. Queria experimentar coisas novas. Eu estava curiosa. E me sentia atraída por ele. Queria vê-lo outra vez.

Passados alguns dias, Conner me chamou para passear com Gizelle e comer alguma coisa depois do trabalho. Eu sempre topava qualquer coisa que envolvesse comida e Gizelle — assim como ela. Ele chegou ao Rio de calças compridas e blazer, parecendo elegante, mas um pouco deslocado ali na nossa cozinha/sala decorada com uma eclética mistura de pechinchas adquiridas na Ikea, móveis que pegamos na rua e brinquedos da Gizelle espalhados como se fosse uma creche (brinquedos para os quais ela nunca dava muita bola). Gizelle o cumprimentou, como fazia com quase todos os homens, primeiro soltando um latido baixo e curto, e depois que eu dizia que tudo bem ela se aproximava devagar com o pescoço esticado, lentamente erguendo o rabo que estava entre as pernas. Conner soltou o já esperado "Que cachorro grande", seguido por um solene "É um prazer finalmente conhecê-la, Gizelle". Depois corri pela casa com Gizelle colada em mim, tentando encontrar o combo chaves-carteira-celular, enquanto ele mexia no Blackberry e o iPhone fazia *bing!* no bolso da calça. Por fim nos dirigimos para a porta. "Pronta?", falei, sorrindo, envolvendo quatro dedos na guia de Gizelle e usando o quadril para segurar a porta aberta enquanto ela nos levava para a rua.

CONHEÇA UM RAPAZ

Gizelle passeava tranquila, balançando casualmente o corpo de um lado para o outro, com o rabo ereto, e eu estava grata por não haver um daqueles temíveis ônibus perto o bastante para fazê-la se encolher e fugir no nosso primeiro encontro.

Fomos caminhando pela 9th Avenue e Conner sugeriu que eu escolhesse um lugar para comer, pois ali era o meu bairro. Péssima notícia para mim, já que eu e Kimmy só frequentávamos locais bem baratos, tipo a pizzaria de um dólar e o supermercado Trader Joe's, e às vezes, quando queríamos esbanjar, íamos ao Maoz Vegetarian, uma rede de fast-food que serve falafel — adorávamos comer lá, pois eles deixam você pegar recheios e condimentos à vontade. A gente também gostava de ir à Pinkberry tomar frozen yogurt, mas sem comprar nada, é claro; o segredo era pedir umas provas e depois ir embora rápido como se tivesse surgido alguma coisa importante. Eu não ia sugerir nenhuma dessas experiências gastronômicas para ele, então continuamos pela avenida e fiquei esperando ver o primeiro restaurante que me parecesse minimamente decente. "Esse lugar", falei, apontando com confiança, sem ter a menor ideia do que era *esse lugar*.

Enquanto Conner e eu dávamos goles nas margaritas extra-sour, Gizelle bebia água de uma bandeja descartável de alumínio. Ela era uma ótima companhia para um primeiro encontro, pois qualquer silêncio constrangedor podia ser logo resolvido puxando um assunto sobre ela: "Gizelle, você está bem? Como está sua bebida, menina? Quer mais petiscos?" E podíamos também admirar atenciosamente as riscas do pelo dela brilhando sob a luz do fim do dia ou falar dos comentários interessantes que as pessoas passando na rua faziam sobre minha mastim, o que ajudava a atenuar as tensões do primeiro encontro. Naquela noite, Gizelle estava bebendo com mais entusiasmo do que o normal, fazendo bastante barulho e espirrando água para todo lado bem diante de Conner. (Será que ela estava realmente *tentando* trazer alguma água para dentro da boca?) É claro que eu sabia o que ela estava fazendo. Gizelle estava claramente fazendo uma lambança cheia de água e baba para ver o que aquele cara novo diria, para se certificar de que ele faria por merecer o selo de aprovação dos mastins.

— Ela está bebendo com vontade, né? — observou Conner, com um meio sorriso nos lábios.

— É, ela teve um dia bem difícil no escritório — brinquei, um pouco pateticamente.

Ao andarmos de volta para casa, Conner segurou na minha mão. Era legal sair com um cara. Ele parecia ser confiante e inteligente, e era bonito. Mas eu tinha dado risadas durante o encontro? Eu senti borboletas no estômago?

A cada dúzia de passos, Gizelle olhava para mim, talvez para ter certeza de que eu estava bem com aquele homem adulto segurando a minha mão. Eu a observava também, para me certificar de que estava tudo bem com ela ali em meio ao tráfego de pedestres de Manhattan. Com Gizelle, nunca dava para ter certeza de quem estava cuidando de quem. Nós cuidávamos uma da outra, assegurando-nos de que estávamos felizes com o que a vida botava no nosso caminho. E ali, diante de restaurantes gregos e italianos, pubs irlandeses e sushi bars, depois de um jantar que não incluiu nenhum roubo de condimentos e amostras de sorvete, a vida tinha trazido um homem que um dia eu chamaria de meu namorado.

Um dia você está sentada a um metro dele em uma mesa no Bryant Park tentando parecer interessada em ouvir sobre taninos e tempranillo. E quando se dá conta está levando sua cachorra para acampar em um alpendre junto ao lago, tentando esquecer que ele falou que biscoitos com marshmallow não são práticos e revirou os olhos quando você o chamou para subir no telhado do alpendre e observar as estrelas. Então você vai ver as estrelas sozinha, e jura que esse relacionamento não parece estar dando muito certo. Mas, ao voltarem para a cidade, ele a leva para jantar em um restaurante tão pequeno que todos parecem estar comendo juntos na mesma mesa. Vocês comem uma bela refeição, tomam um vinho delicioso e têm uma conversa agradável, e, mesmo que você não ame o

CONHEÇA UM RAPAZ

fato de ele avaliar o restaurante como se fosse crítico gastronômico e usar uma infinidade de adjetivos para pedir o vinho, muitas vezes chamando o sommelier até a mesa para perguntar coisas que ele parece já saber, ele ainda faz questão de pedir que embrulhem as sobras para a cachorra. E, quando vocês vão embora, é legal ter alguém que a acompanhe até em casa. É legal ter alguém que se deite na cama ao seu lado. E pela manhã você gosta de como ele a chama para tomar banho e vocês ficam ali, juntos, um passando o shampoo para o outro, com sabonete escorrendo pelo rosto, e tudo parece confortável e normal, como se vocês tomassem banho juntos desde sempre. E no fundo você acredita que ele é uma boa pessoa, você gosta da companhia dele, da atenção e de ter um cara por perto, então segue com o relacionamento.

Em pouco tempo, eu estava frequentando o apartamento de Conner no East Village, grata por ter Kimmy para passear de manhã com nossa filha peluda e constatando que jovens solteiros não deviam ter cachorros a não ser que morem com amigos legais que também queiram ter cachorros. Kimmy e eu começamos a sair juntas cada vez menos (sem nenhum drama, claro, afinal era Kimmy, a garota mais tranquila do mundo). Mas seu espírito selvagem nem sempre concordava com a natureza mais conservadora de Conner. "Você gosta dele mesmo, Fernie?", ela sempre me perguntava. "Vejo você com uma pessoa diferente." Eu respondia que não tinha certeza, que nós não estávamos em um relacionamento sério. Eu estava apenas me divertindo.

"Ele é divertido?", indagava ela. Logo ela começou a andar com novos amigos, e eu gostava do fato de que meu novo estilo de vida de adulto não incluía virar garrafas de água cheias de Smirnoff em festivais de música eletrônica — não que houvesse algo de errado em fazer isso. Eu é que tinha uma série de questões em sempre tentar me sentir produtiva e madura.

Conner era definitivamente um adulto. Ele colecionava vinhos, organizando suas garrafas por região, varietal e vinícola em uma estante feita para guardar as garrafas. Seus utensílios para vinho pareciam mais instrumentos cirúrgicos. Ele tinha um cabide giratório para gravatas e

MINHA VIDA COM UMA AMIGA DE QUATRO PATAS

dois cestos de roupa suja (um para roupas claras e outro para escuras), e no armário havia roupas que ele de fato conseguia encontrar quando procurava. Tudo na parede dele havia sido emoldurado por profissionais: o diploma de faculdade pregado em um canto, um quadro de Praga e uma grande bandeira de Michigan, azul e amarela, acima da porta. (Eu e Kimmy tínhamos um Zac Efron de papelão em tamanho real na nossa janela.) Conner era um cara prático e organizado. Eu morava na Times Square com uma cachorra do tamanho de um Mini Cooper. Talvez um homem como ele fosse me fazer bem?

Conner amava verdadeiramente a minha Mini Cooper. Estava sempre conversando com ela, dizendo como ela era bonita e bobinha e nos chamando de "suas meninas". Ele até pagava o táxi para irmos aos lugares. E daí que nós dois não tínhamos o mesmo senso de humor e eu ficava mais quieta e reservada na presença dele? Ele levava sobras de bife do Peter Luger para Gizelle! Ele me ensinou toda a estratégia matemática necessária para ganhar no Lig 4. Eu podia ligar para ele pedindo dicas de como lidar com meu chefe e na mesma hora ele me enviava um e-mail com conselhos organizados em tópicos. Ele parecia saber como fazer qualquer coisa, o que era um alívio para mim, porque eu sempre me sentia como se estivesse decidindo tudo no chute.

Eu não frequentava o East Village antes de namorar Conner, mas gostava de andar pela região. Parecia um bairro de verdade. As pessoas no East Village aparentavam realmente morar lá. Não havia bandos de turistas usando camisetas iguais e seguindo um guia com uma bandeira presa em um bastão de esqui, como eu via perto da minha casa. Não havia 16 Homens-Aranhas a cada esquina. Conner e eu começamos a andar de bicicleta juntos, e em um fim de semana ele precisou sair da cidade a trabalho e sugeriu que eu fosse de bicicleta até a esquina da Avenue A com a 9th Street para conhecer o Tompkins Square Dog Run, um parque só para cães, pois seria legal para Gizelle. "Ela vai adorar aquele lugar", garantiu ele. Pedalei até a 10th Street, e assim que vi os cachorros correndo pelo chão de cascalho, mergulhando em uma piscina em formato

CONHEÇA UM RAPAZ

de osso naquele paraíso coberto por árvores imponentes, eu soube que Conner tinha razão. Gizelle ia amar aquele lugar.

Então decidi ignorar a voz na minha cabeça que tinha horror a compromisso, sempre me mandando fugir. Ignorei a voz que vivia me dizendo para cair fora, porque eu não era a mesma pessoa quando estava com ele. Pensei que talvez, se ficasse com Conner por mais um tempo, eu *passaria* a ser eu mesma. E, como eu sabia que ele adorava Gizelle, decidi acreditar que ele me adorava também e escolhi ignorar o fato de que ele nunca conseguia achar uma forma de me dizer isso.

Oito

O parque para cães

Logo chegou meu primeiro verão oficial em Nova York. À medida que o relacionamento com Conner avançava, eu sentia que estava ficando adulta demais para a vida no meu apartamento da Times Square. A agitação e o caos pareciam maiores. As ruas passaram a ser sufocantes. Fazia calor demais para Gizelle e ela não conseguia andar longas distâncias, então nós ficávamos confinadas a Midtown. Em certas ocasiões eu me perguntava se os táxis tinham instalado amplificadores nas buzinas, ou se as luzes da Times Square estavam me assando como se fossem uma câmara de bronzeamento artificial. Gizelle era expulsa das varandas de restaurantes nas quais havia sombra, retirada do setor de refrigeradores da farmácia Duane Reade onde eu tentava me resfriar e era recusada pelos taxistas. Meus irmãos estavam vivendo um sonho na Califórnia, pareciam se sair muito bem em tudo o que faziam e sempre enviavam fotos da praia. Eu trabalhava num quartinho, em um emprego sem futuro, tinha como vizinhos os zumbis do Times Scare e enchia a cara no The Governor's Ball com Kimmy, e uma vez por semana um cara vestido de Cookie Monster chamava a mim e Gizelle para sair.

Conner estava viajando muito a trabalho. Eu definitivamente *estava* em um relacionamento com ele, mas não conseguia admitir isso para mim mesma. Uma vez até terminei com ele brevemente, me sentindo presa em alguma coisa que começava a parecer um compromisso, mas

MINHA VIDA COM UMA AMIGA DE QUATRO PATAS

liguei de volta e pedi desculpas, pois não sabia por que tinha terminado com ele. Eu tinha 24 anos e questionava tudo. *Por que vim morar em Nova York? Conner é um motivo para continuar aqui? Será que algum dia serei promovida na Gap? Será que eu quero ser promovida lá? O que estou fazendo com a minha vida mesmo?*

Certa noite liguei para minha mãe, por volta das 21 horas, na esperança de que ela me convencesse de que estava tudo certo e minha vida ia muito bem, como sempre fazia. Porém, naquela noite ela não atendeu o telefone. E não me ligou de volta.

Telefonei de novo uns dias depois. Chamou, chamou e quando ela atendeu, parecia ter acabado de acordar. Perguntei o que ela estava fazendo.

— Estou a caminho de um compromisso às onze da manhã.

— Mas são oito da noite aí — ressaltei. O telefone ficou em silêncio por um momento e em seguida ela soltou uma gargalhada.

— Não são oito da noite!

Parei por um segundo, checando o relógio do micro-ondas. Definitivamente eram oito da noite em Nashville. Ela continuou falando de um compromisso com seus amigos Wendy e Craig, disse que estava sóbria e "melhor do que nunca", mas conforme ela balbuciava uma palavra atrás da outra foi ficando cada vez mais difícil compreender o que ela estava dizendo.

— Enfim, mãe, você está parecendo bêbada. Preciso desligar. Vou levar Gizelle para passear.

E, enquanto ela tentava me convencer de que só estava soando estranha porque estava usando fitas para clarear os dentes, desliguei o telefone.

Depois chegaram as mensagens de texto bizarras. "Bom dia!!! Fazendo pães de canela e ovos hoje! Encontro às três da tarde ddddddjjkkkkkkk." Tudo seguido de linhas e mais linhas de emojis coloridos (e ainda assim inexplicáveis) que eu sabia não serem por falta de habilidade dela com o iPhone.

O PARQUE PARA CÃES

Minha mãe tinha muitos altos e também tinha seus baixos, e era impossível ficar de olho sempre. Às vezes eu ligava e ela parecia estar ótima. Soava desperta e me perguntava casualmente como havia sido meu dia e se podia me ajudar com alguma coisa em Nova York. Eu nunca sabia qual versão dela iria encontrar e cada uma delas afetava minhas emoções de forma diferente. A versão (que soava) sóbria me dava esperança de que mamãe ficaria bem e a versão bêbada acabava com minhas expectativas. Então eu voltava a ter esperança, e depois desanimava de novo, de novo e de novo. Eu não sabia o quanto ainda conseguiria aguentar. Ela nem mesmo admitia que tinha um problema.

Às vezes eu ligava para o papai, torcendo para que ele me oferecesse palavras de apoio para lidar com a minha mãe, mas nem sempre ele falava muito nela. Frequentemente ele dizia coisas como "Bem, Fernie, está se cuidando aí, querida? Como está o trabalho?" e mais nada. E então ficava tão irritada por ele não falar o que *eu* queria ouvir, que era "Sinto muito. Ela vai ficar bem. E você vai ficar bem. Vai ficar tudo bem! Vamos conseguir curá-la. Eu vou curá-la", que eu desligava o telefone na cara dele também.

Contudo, mesmo nos dias mais abafados de verão em Hell's Kitchen, havia uma brisa no terraço do Rio após o pôr-do-sol. Subi até lá com Gizelle. As luzes da Times Square tremeluziam à nossa volta. Gizelle se acomodou junto dos meus pés, e eu me sentei com as pernas cruzadas na frente dela. Nossos olhares se encontraram. Nós nos encaramos, e eu sempre me admirava com a forma como ela retribuía o meu olhar. Surgindo por cima daquele focinho preto, aqueles olhos caídos, preocupados e curiosos eram sempre reconfortantes. Pensei em como o cérebro de Gizelle era por dentro, em como minha irmã uma vez disse que não devia haver nada lá além de um vasto campo verde com uma única tulipa crescendo bem no meio. Depois eu pensava no meu cérebro por dentro, e ele se parecia muito com a Times Square. Barulhento. Congestionado. Havia mensagens demais pipocando ao mesmo tempo.

MINHA VIDA COM UMA AMIGA DE QUATRO PATAS

Tudo que eu queria era existir naquele momento, no meu terraço com Gizelle. Mas não conseguia impedir que minha mente se preocupasse. Eu tinha medo de perder minha mãe e pensava em como curá-la. Eu me preocupava se Conner era a pessoa certa para mim, me preocupava se eu estava no emprego errado, em como ia fazer para encontrar o emprego certo e com o fato de eu não ter amigos em Nova York. Kimmy e eu vínhamos nos afastando aos poucos, sendo levadas para direções diferentes, e eu podia sentir que isso estava acontecendo, mas não sabia o que fazer. Quando me mudei para Nova York, prometi para mim que teria uma vida de aventuras, mas naquele momento eu me sentia presa numa cidade cara, trabalhando em horário integral, sem viver nenhum tipo de aventura. Pensei em ir embora e me perguntei para onde poderia ir. Eu podia pegar minhas coisas, com a minha leal melhor amiga de quatro patas, guardar minhas inseguranças numa caixa e não precisar tirá-las de lá por alguns meses.

Passei os braços em volta de Gizelle. Ela apoiou aquela cabeça enorme no meu ombro, me deixando jogar todo o peso do corpo sobre ela enquanto as luzes do bairro piscavam à nossa volta. Gizelle sempre me amparou quando eu sentia que virar adulta estava ficando complicado demais.

Conforme o calor e o verão se arrastavam, comecei a pensar cada vez mais no nosso plano de fuga. E logo que eu comecei a listar os lugares para onde ir, recebi uma mensagem no Facebook enviada por uma antiga amiga.

"Você está morando na cidade? Acabei de me mudar para a 46th com a 11th! Quero ver Gizelle", escreveu Rebecca.

Eu conhecia Rebecca do meu primeiro ano na Faculdade de Charleston. Era a garota que saía de lá para ir à praia em Folly Beach e pulava no mar comigo. Ela era de Boston e, quando falava, volta e meia deixava escapar a palavra "wicked" no meio de uma frase. Rebecca adorava poesia, comida orgânica e saudável e Nina Simone.

Ela também tinha mania de fazer listas, como eu. Uma das primeiras vezes que nos falamos foi no dormitório dela, no quarto andar do alojamento universitário McConnell Residence Hall, conversando sobre como fazer para se concentrar nas aulas das matérias obrigatórias que não nos interessavam. Ela deu uma risada.

— Quer saber o que eu escrevi na aula de estatística hoje?

— Claro — aquiesci.

Ela pegou um caderno verde de espiral todo surrado de cima da mesa e foi passando as folhas com anotações até parar em uma página. Então pigarreou, de brincadeira. E começou a ler uma lista estranha e maravilhosa de coisas que ela amava: dividir o planeta com os polvos, a aparência das rosas depois da chuva, buracos negros. Rebeca tinha diários idiotas iguais aos meus, em que escrevia tudo para que a vida não passasse sem registros. Quando saí de Charleston, tínhamos prometido manter contato, mas não conseguimos. Na verdade, mal tínhamos nos falado até aquela noite de julho, quando ela escreveu do nada contando que havia se mudado para Hell's Kitchen, por coincidência a algumas quadras da minha casa.

Gizelle e eu encontramos Rebecca na esquina da 43th Street com a 8th Avenue. Ela estava usando uma bota marrom velha e surrada e um vestido branco leve.

— Meu Deus — disse ela, rindo —, *Gizelle!* Você está linda, garota!

Ela bateu palmas e se abaixou enquanto Gizelle ia em sua direção para abraçá-la (Rebecca ignorou totalmente a baba que Gizelle deixou em seu vestido branco.) Nós duas demos pulinhos e nos abraçamos.

— Nem acredito que você está morando aqui! — festejou Rebecca.

— Eu é que nem acredito que *você* está morando aqui! — respondi, também animada.

Nós nos abraçamos outra vez na calçada. Então ela pegou a guia de Gizelle como se fossem velhas amigas. No caminho para a casa de Rebecca, os mesmos comentários grosseiros das pessoas na rua continuaram, mas não demos muita atenção.

— Não ligue para eles, Gizelle — asseverou Rebecca. — Você *não* é um cachorro enorme, porra. Você é uma rainha linda, voluptuosa e curvilínea!

O apartamento dela era velho e poeirento, um imóvel sublocado já mobiliado que ficava em cima de uma oficina para táxis e de um pet spa. O lugar tinha paredes de papelão, pilhas e mais pilhas de instrumentos e livros velhos, uma cadeira de dentista antiga na sala, plantas penduradas no teto e um piano de cauda maltratado bem no meio de tudo. A casa dela também estava bem familiarizada com baratas.

— Eu danço ballet na sala! — disse ela, radiante, enquanto dava uma pequena pirueta a caminho da cozinha pegar água para Gizelle.

E assim, de repente, eu soube que tínhamos mais uma amiga na cidade.

Rebecca e eu fazíamos tudo juntas. Levamos Gizelle para visitar brechós e compramos chapéus combinando. (É, compramos um chapéu para Gizelle também. Foi a nossa desculpa para levar um terceiro chapéu, o azul.) Passamos batom vermelho-escuro e tentamos entrar no Boom Boom Boom, uma boate glamourosa e toda dourada, no estilo 007, com uma vista panorâmica de Manhattan. Sem se intimidar diante da fila, Rebecca afirmou "Eu cuido disso", desfilou até o começo da fila e falou com o segurança, perguntando como tinha sido o dia dele, até que nós conseguimos passar direto pela porta. Esqueci de mencionar que ela era linda de morrer. Curvilínea, com olhos castanho-claros e pele e peitos perfeitos. Sempre havia uma multidão de caras se derretendo por dela.

Quanto mais tempo eu passava com ela, mais eu via algo em Rebecca que me lembrava minha mãe de antigamente: se eu estava insegura, ela me animava. Quando eu estava ansiosa, ela me acalmava e me ajudava a mudar de atitude. Logo me dei conta de que eu estava ligando para Rebecca para falar de muitas das preocupações sobre as quais eu costumava conversar com a minha mãe, e tentei não dar atenção ao fato de que a minha mãe de verdade não me ligava havia semanas. Rebecca poderia me ouvir reclamar dos meus problemas até o mundo acabar se fosse necessário. E sempre me fazia sentir como se fosse ficar tudo bem, porque de alguma forma ela dava um jeito de sempre acabar tudo bem.

O PARQUE PARA CÃES

Rebecca trabalhava como executiva de contas em uma agência de publicidade mundialmente famosa. "Não tenho ideia de como consegui esse emprego. Com certeza eu enganei alguém", dizia ela, rindo. Ela passava o tempo trabalhando em projetos paralelos, escrevendo uma peça ou um piloto para a TV. Depois abriu uma empresa de molhos de pimenta chamada Itso Hot Sauce. Juntas chegamos à conclusão de que Gizelle devia começar a ajudar nas despesas, então fizemos o que todo mundo que tinha um bicho de estimação fez naquela época: criamos para ela uma conta no Instagram. Ela vai ficar famosa! Era o que esperávamos que acontecesse ao pôr o nome de usuário @GizelleNYC e a hashtag #BigDogBigCity. Anotamos ideias para fotos e até fizemos uma sessão de fotos com balões no parque. Planejamos levá-la a todos os bairros de Nova York parar tirar fotos e pensamos que aquilo ia acabar deslanchando as nossas carreiras. Mas nós só fizemos quatro posts.

Com Rebecca, a cidade começou a parecer diferente. Sozinha, eu sentia que estava vendo Nova York lá do meu terraço no Rio, mas agora começava a me sentir parte dela. Eu não estava apenas sobrevivendo.

Em uma noite no fim de agosto, surgiu a inevitável conversa sobre dar o próximo passo, em uma mesa na calçada de um pequeno bistrô francês chamado Tartine, no West Village. O restaurante ficava escondido no meio de prédios baixos de tijolinho e ruas estreitas com nomes bonitos como Waverly, Charles e Perry. Os sinais de trânsito iluminavam a mesa. Estávamos dividindo uma porção de mexilhões, batata frita e uma garrafa de vinho que tínhamos levado. Lembramos que nossos contratos de aluguel estavam para vencer. Comentei com Rebecca que eu não tinha certeza de que continuaria em Nova York, que viver lá era muito caro e eu sentia saudades dos meus irmãos. Confessei que eu não sabia onde era o meu lugar ou o que estava fazendo, mas não queria ficar presa no Times Scare por mais um ano.

— Bem, nós podíamos procurar um lugar juntas — disse Rebeca lentamente, ao abrir um mexilhão, com uma hesitação de quem sabia que eu também estava insegura quanto àquilo.

MINHA VIDA COM UMA AMIGA DE QUATRO PATAS

— Mas *você* quer morar comigo?

Rebecca me olhou com curiosidade.

— Porque você sabe que isso significa morar com Gizelle... — continuei. — E Gizelle é uma ótima colega de quarto, mas ela fede um pouquinho. Ela baba, mas eu limpo a sujeira direito. Ela também solta pelo, tipo, muito. Às vezes me pergunto como é que ela ainda tem algum pelo *no corpo*. Mas isso não é problema, porque eu tenho um grande rolo de remover pelos.

Rebecca sorriu e aquiesceu enquanto eu continuava falando sem parar.

— E, quer dizer, você já viu os cocôs dela. São... bem... você viu! Mas a gente se acostuma logo, só é preciso ter luvas e sacolas extras e sempre estar preparada. E às vezes ela assusta os homens. Ela late se não gosta deles, mas isso até que é bom para saber quais caras você deve evitar. Ah, e eu definitivamente preciso de ajuda para levar Gizelle para passear. Nunca teria conseguido fazer isso nesse último ano sem a ajuda da Kimmy. — Minha voz foi baixando e parei para pegar um mexilhão. Eu amava a Kimmy, e ela tinha feito muita coisa por mim e pela Gizelle, mas a ideia de ir morar com alguém novo, recomeçar tudo, parecia ser a coisa certa. A própria Kimmy tinha mencionado que pensou em ir morar no Brooklyn com amigos novos.

— Garota, eu amo a Gizelle — disse Rebecca, sorrindo. — É claro que vou ajudar você.

E ergueu sua taça de cabernet (que, segundo Conner, não harmonizava bem com mexilhões, mas a gente não ligava).

— Colegas de quarto?

— Colegas de quarto.

Um mês depois, o fim de setembro se aproximava e eu encaixotei tudo que havia no meu quarto. Gizelle ficou me observando preocupada, com a maior cara de "o que você está fazendo?". Acho que ela não piscou nem uma vez o dia inteiro, me seguindo, ansiosa, da sala para o quarto e me vendo botar em caixas toda a nossa vida em Midtown. "Você vem comigo",

O PARQUE PARA CÃES

falei várias vezes para tranquilizá-la, enquanto suas unhas batiam no chão atrás de mim. Enfiei roupas da Gap em sacos de lixo e cestos de roupa suja, enrolei meu grande mapa-múndi e carreguei o Monstro do Pântano até a calçada, onde o deixei com um aviso que dizia PROCURO UM BOM LAR.

Rebecca e eu alugamos uma caminhonete em uma empresa de mudanças. Atirei meu último saco de lixo na caçamba da caminhonete e espremi a cama de Gizelle no único espaço ainda livre. Virei-me e dei uma última olhada para o Rio. Adeus, Rio, pensei, baixando os ombros e suspirando. Fechei a caçamba e passei por cima de Gizelle (que parecia ter reivindicado a janela antes de mim) para me sentar no meio do banco. Rebecca pôs uma das mãos no volante, pisou no acelerador, e eu fiquei contemplando o que logo se tornaria meu antigo bairro enquanto ele desaparecia diante dos meus olhos. "Até logo, Times Square!", gritou Rebecca, aumentando o volume da música de Whitney Houston que tocava no rádio.

Gizelle pôs a cabeça gigantesca para fora da janela, aproveitando as últimas paisagens que a caminhonete conseguia exibir naquele tráfego que parava a todo tempo. Ela trazia a cabeça de volta para dentro toda vez que um ônibus buzinava. E com Rebecca à esquerda e Gizelle à direita eu deixei para trás as luzes de Midtown, o Rio, o Times Scare e o meu primeiro ano em Manhattan, pronta para iniciar um novo capítulo em uma cidade muito grande com minha cachorra muito grande.

Nossa casa nova ficava na 7th Street, entre as Avenues A e B, e da minha janela dava para ver o Tompkins Square Dog Run. Eu mal podia esperar para apresentar nosso novo bairro a Gizelle. Disparamos pelas escadas até chegarmos à calçada. O vento do East Village era novo e fresco, e as calçadas não eram lotadas de gente. Crianças riam no parque na 9th Street e passarinhos cantavam nos olmos sobre o parque para cães. Sinos de igreja soavam ao longe.

Enquanto passeávamos pela Avenue A, uma mulher de jaqueta de couro preta veio na nossa direção. Ao se aproximar, ela abriu a boca sem

MINHA VIDA COM UMA AMIGA DE QUATRO PATAS

emitir nenhum som. Por um instante, pensei *lá vamos nós outra vez*, já esperando que ela apontasse, falasse palavrões, tirasse fotos e tudo mais. Mas, em vez disso, ela estreitou os olhos, levou o dedo até Gizelle e disse:

— Biscuit?

Essa eu nunca tinha escutado. Será que ela sabia que éramos do sul?

— *Biscuit?* — perguntei.

— É, Biscuit. Essa não é a Biscuit? — indagou ela, abaixando a cabeça até Gizelle. — Espera aí! — Ela bateu com a palma da mão na testa antes que eu dissesse alguma coisa — Essa não é a Biscuit! Me desculpa... é que se parece *muito* com ela.

A mulher riu, disse para Gizelle que ela era linda e foi embora.

Passados alguns minutos, um cara usando uma camiseta dos Jets se aproximou, avaliando Gizelle. Eu me preparei, já esperando. Estava pronta para dar uma resposta (*Não, você não pode pôr uma sela nela!*). Mas ele parou, olhou para Gizelle e falou:

— Summer?

Essa mesma cena com Summer e Biscuit se repetiu várias vezes. Então as pessoas me falavam de um cara chamado Louie que eu tinha que conhecer. "Você vai saber quem é quando o vir", garantiam. "Ele tem cachorros iguais à Gizelle."

"Ele tem uns sete cachorros desses!", berrou uma senhora.

Cães como *Gizelle*? Em *Nova York*? Isso era alguma lenda urbana?

Até que certo dia eu virei uma esquina, ao levar Gizelle para passear no Tompkins Square Park, e eis que surgem, vindo na nossa direção, Louie e seus dois mastins, colossais, enrugados, com cabeças grandes como a de um leão. Um era bege e o outro era tigrado, e os três juntos se mexiam quase em câmera lenta, como se fossem uma só criatura. Ele tinha o cabelo comprido, enrolado e desarrumado, uma barriga de Papai Noel, e vestia uma camiseta que dizia "Drool is Cool" [babar é bacana, em tradução livre]. De repente eu tive vontade de me curvar diante de sua majestade.

— Essa deve ser a Gizelle — disse Louie gargalhando, enquanto os três mastins se encontravam na parte central do parque.

O PARQUE PARA CÃES

— É a própria! — respondi, com um sorriso, me sentindo honrada por ele saber o nome dela. Olhei para Gizelle e seu focinho tocava o focinho da outra malhada, Biscuit, com os rabos grossos das duas balançando lentamente atrás delas.

— Eles são os melhores cachorros do mundo, não são? Parecem humanos — afirmou Louie, radiante, dando palmadinhas na cabeça de Summer. Os olhos dela se fechavam a cada tapinha, do mesmo jeito que Gizelle sempre fez. Ele me contou que já teve cinco mastins em seu apartamento na 9th Street. Eu não ia perguntar como ele fazia para caberem cinco mastins ingleses em um apartamento, mas em uma coisa eu concordava com Louie: Gizelle realmente parecia humana.

Ficou evidente para mim como Gizelle parecia humana quando nos aventuramos no Tompkins Square Dog Run pela primeira vez. Era um sábado, e como qualquer outro lugar em Manhattan nos fins de semana o parque estava lotado. Ali parecia ser o lar de todas as raças imagináveis: pit bulls, bracos húngaros, poodles toy, corgis, vira-latas, labradores, dálmatas, pugs, filhotes e, agora, belos mastins tigrados. "Pronta, garota?", perguntei, ao abrir o portão preto e desprender a guia.

Um grupinho de três labradores veio aos pulos para conhecer minha menina. Eles correram em círculos ao redor dela, latindo e se revezando em tentar cheirar o traseiro de Gizelle enquanto ela recuava desviando deles, com as orelhas para trás, o rabo para dentro, quase ofendida. Ela correu para mim, tentando esconder o traseiro entre as minhas pernas, mas foi só os três perderem o interesse nela e correrem para receber um novo cachorro para ela segui-los cheia de curiosidade, como se quisesse virar amiga deles, mas não soubesse como.

Ela deu meia-volta e veio na minha direção. "Eu sei, menina. Tem cachorros demais aqui. É normal ficar nervosa", eu a consolei. Fui sentar em um banco sob um pedacinho de sol e Gizelle veio atrás de mim, se acomodando junto aos meus pés ou, mais precisamente, sobre os meus pés. E isso se tornou nossa rotina no parque para cães: eu sentada no

MINHA VIDA COM UMA AMIGA DE QUATRO PATAS

banco sob o sol assistindo aos cachorros, e Gizelle sentada devotadamente comigo, também assistindo.

É óbvio que havia muita ação. Um jack russell terrier cavava o chão com empenho, como se soubesse que havia enterrado seu baú do tesouro cheio de biscoitos em algum lugar do parque e não conseguisse se lembrar onde. Rabbit, um mix de beagle sorrateiro, gostava de roubar peças de roupa — suéteres dos cachorros e cachecóis dos humanos — e ficava realizado quando o dono entrava no jogo e o perseguia pelo parque. Um labrador implorava para o pai jogar uma bola de tênis e toda vez, sem exceção, se recusava a devolvê-la. Havia um boston terrier mestiço que adorava comer o próprio cocô (e os dos outros cachorros). Quase todos os donos de cães no parque corriam até ele tentando impedi-lo, mas aquele terrier come-bosta sempre conseguia.

Gizelle nunca fez essas coisas inerentemente típicas de cachorro. Nunca latiu sem necessidade, uivou à noite ou mastigou o controle remoto. Ela não tentava cruzar com seu esquilo de pelúcia nem subia na perna de ninguém (felizmente). Eu nunca a vi nem mesmo beber água da privada. (Embora talvez eu tenha feito vista grossa para a baba no assento algumas vezes.) Ela gostava de ficar sentada na banheira com água quente como uma pessoa. Bocejava como uma pessoa, soltando um gemido longo de satisfação que soava como o Chewbacca. E, fora um incidente com um pedaço fedorento de gorgonzola que eu e Rebecca deixamos sobre a mesinha de centro, Gizelle nunca pegou nenhuma comida que não fosse dela. Eu estava tão acostumada a ter um cachorro que não era um cachorro que certa vez levei meu café e meu bagel com queijo, bacon e ovos para dentro do parque de cães lotado em uma manhã de sábado agitada, pensando que eu me sentaria agradavelmente no banco com um livro e apreciaria minha comida. Obviamente foi uma atitude bem ingênua da minha parte.

Não encontrávamos apenas toda e qualquer raça de cachorro imaginável no Tompkins Square: lá parecia abrigar todo e qualquer tipo de ser humano imaginável também. Uma velhinha com uma blusa de dinos-

104

sauro tinha um vira-lata peludo chamado Cookie. Ela morava no bairro havia 45 anos e toda vez que me via esquecia quem eu era, mas adorava repetir as mesmas histórias sobre a aridez do East Village de trinta anos atrás, antes de os yuppies chegarem. Ela me contava que detestava como todos aqueles jovens se mudavam para o East Village e fingiam que eram de Manhattan quando na verdade eles só estavam morando ali havia um ano. Eu respondia que aquelas pessoas eram as piores. Um sujeito trazia seu pit bull sem força nas patas traseiras em um carrinho de puxar, só para que o cão não perdesse o ar fresco e a diversão do parque. Havia um dogue alemão que era mais alto que Gizelle. Ele usava uma coleira John Deere, e seu dono usava um chapéu de caubói.

Mas o melhor dia no parque de cachorros, sem a menor dúvida, veio no fim de outubro. Nesse dia, acordei antes do despertador (que surpresa!) e sacudi Gizelle. Ela abriu um olho bem lentamente e manteve o outro afundado no travesseiro. Saltei da cama, pois em geral essa era a única forma de tirar Gizelle dali. Ela desceu do colchão, primeiro esticando as patas da frente para fora da beirada, com a parte traseira do corpo ainda deitada, enquanto parava por um momento para olhar para mim, tentando descobrir, pesarosa, por que estávamos nos levantando tão cedo.

Rebecca estava na sala junto da vitrola, aumentando o volume de um dos únicos discos que a gente tinha: *For Once in My Life*, do Stevie Wonder, que considerávamos a música preferida de Gizelle. Abri as janelas, deixando a brisa do outono entrar enquanto sentávamos na escada de incêndio para beber nosso café matinal. Era o dia do 23º Desfile de Halloween para Cães do Tompkins Square, o maior desfile de fantasias só para cães do planeta. E os concorrentes já começavam a chegar.

Ficamos sentadas na escada de incêndio que dava para o parque, escolhendo os nossos favoritos. Gizelle apoiava o queixo na janela.

— Olha ali um elenco de *Star Wars* — anunciou Rebecca. — Uma Leia, um yorkshire Chewbacca, um Luke, um vira-lata Stormtrooper e, ah, um pug Yoda. Esses vão ser difíceis de derrotar, G.

MINHA VIDA COM UMA AMIGA DE QUATRO PATAS

Respirei fundo.

— Ah, aquilo é um... Espera, é um lulu da pomerânia? Com uma abóbora na cabeça, saindo de um copo da Starbucks? É um *pumpkin spiced pomeranian*? Merda, estamos ferradas.

— Meu Deus, não sei, mas aquele é um sharknado — disse Rebecca rindo. — Não, quer dizer, é um sharkna*dog*.

Era um cachorro preto e branco, de pelo encaracolado, com um tornado de feltro preto e tubarões de plástico presos em volta dele. Olhei para o parque e avistei dois poodles vestidos de Jack e Rose, pensando em como Gizelle ficaria maravilhosa de *Titanic*.

Rebecca entrou para preparar bloody marys na cozinha. "Cozinhando com Lauren e Rebecca", brincávamos, misturando suco de tomate fresco com longos talos de aipo e jogando azeitonas e Itso Hot Sauce. Então comecei a retalhar uma camiseta branca grande (da Gap, é claro), cortando buracos para fazer parecer que Gizelle a tivesse rasgado sozinha. Depois tentei convencê-la a mastigar algumas bolas de beisebol, mas ela não estava a fim. Ela olhava para as bolas, inclinando a cabeça, sem ter certeza do que eram. Com a ajuda de uma tesoura e uma faca, as bolas pareciam genuinamente ter sido mastigadas por um monstro cheio de baba. *Perfeito.*

Íamos fantasiadas como o elenco do filme *Se brincar o bicho morde*, sobre um time de beisebol infantil dos anos 1960 e um mastim conhecido como A Fera, que, segundo rumores, tinha comido crianças que invadiram seu território. Rebecca e eu nos vestimos com camisas xadrez e bonés de beisebol. Fizemos crachás que diziam "Ham" e "Scotty Smalls" e partimos para o parque.

Tompkins Square estava uma loucura. Todo o elenco de *Cinderela* passou por nós. Um cocker spaniel de peruca loira e vestido azul dentro de uma carruagem de abóbora sendo puxada por um labrador fantasiado de cavalo envolto por faixas. Os donos estavam de príncipe e princesa. Parei ao lado de Gizelle, impedindo que ela visse o quarteto de *Cinderela* — não havia necessidade de deixá-la mais nervosa antes do desfile. Além

O PARQUE PARA CÃES

disso, não tinha por que lembrar Gizelle que não existem carruagens de princesa para o tamanho dela. "Você é a mais bonita aqui", afirmei com confiança, dando tapinhas na cabeça dela. Lá havia caça-fantasmas, dinossauros, bichinhos de pelúcia Beanie Baby e até mesmo um Papa Francisco. Gizelle conseguiu se manter muito calma em relação ao concurso, tanto que se deitou no chão de cascalho.

Uma faixa de grama sintética servia de passarela no meio do Tompkins Square Dog Run, e havia três juízes sentados a uma mesa ao lado dela. Alguns donos tinham ensaiado músicas para cantar enquanto seu cão desfilava; outros montaram esquetes. Apertei a mão de Rebecca. Merda. Não tínhamos esquete. Estávamos preparadas? Fomos andando na fila, esperando a nossa vez, até que finalmente éramos as próximas. Enrolei a coleira de Gizelle no pulso. Subimos no palco, uma pequena passarela de madeira erguida no meio do parque. Gizelle sentou-se junto dos meus pés. Tinha chegado a hora.

"E agora...", começou o locutor.

A multidão estava imóvel. (Quer dizer, quase imóvel — o máximo que podemos esperar de nova-iorquinos e seus companheiros caninos em uma festa.)

"...O momento para o qual essa mastim inglesa se preparou durante toda a sua vida." Respirei fundo.

"Subindo ao palco... Aí vem Gizelle como A Fera de *Se brincar o bicho morde!*"

Olhei para Gizelle.

— Muito bem. Ande.

Balancei a guia de leve e ela desfilou o corpo musculoso pela passarela, exibindo suas curvas, um sorrisinho, a cabeça ligeiramente para o lado. Gizelle deu arfadas de boca aberta perfeitas para seduzir o público. Até usou um pouco de baba escorrendo nas bochechas, de fato entrando na personagem. *Desfile, desfile, desfile, desfile, vire, faça cara de Fera! Você é má. Feroz! Rosne!*

Chegamos ao fim da grama sintética, e o público *rosnou* para Gizelle.

MINHA VIDA COM UMA AMIGA DE QUATRO PATAS

"De novo! Deixe-a desfilar de novo!", gritaram. Saímos do palco e me abaixei até a minha menina, cocei suas orelhas e beijei-a entre os olhos, logo acima do focinho. — Você conseguiu, menina! Você é uma modelo! A Fera mais bela de todos os tempos!

Por um momento, pensei na minha mãe, que sempre dizia que éramos as melhores nas apresentações de dança, mesmo se estivéssemos escondidas no fundo do palco.

É possível que Gizelle não tenha de fato *desfilado* naquele dia; há uma chance de ela ter se sentado por um segundo no meio da passarela e eu ter precisado puxá-la. Mas para mim ela foi a melhor. Chegou a ser a número 67 da lista do Buzzfeed das 70 melhores fantasias no maior concurso de fantasias para cães de Nova York! Isso é que é sucesso! Essa era a mesma cachorra que antes se escondia embaixo da mesa quando via balões de festa? A que já tinha fugido de sacolas plásticas flutuando? Minha fera progrediu muito.

Mais tarde, depois que perdemos para dois chihuahuas vestidos de chef de cozinha e lagosta em uma grande panela, sem dúvida impressionantes, um dos locutores me parou:

— Vocês deviam ter vencido. Gizelle sabe desfilar em uma passarela.

Sorri e olhei ao redor. Ao observar todas aquelas pessoas diferentes e seus cães diferentes em um belo dia de outono na Tompkins Square, tive uma sensação reconfortante. Era parecida com o que senti quando ganhei Gizelle. Uma sensação de pertencimento, de estar entre os meus.

As coisas estavam indo bem com Conner. Em várias noites do outono, Gizelle e eu desfrutávamos a caminhada até a 1st Avenue para ficar no apartamento dele, que era muito melhor que o nosso. Lá havia um ar- -condicionado que funcionava, comida na geladeira, Apple TV e um homem para eu me aconchegar. Ele sempre preparava uma cama para Gizelle no chão e costumava ter algumas sobras para eu comer. Depois eu vasculhava seu armário arrumadinho, tomando cuidado para não bagunçar nada (mas nunca dava certo) até achar a camiseta de que eu mais gostava. Eu adormecia em seus braços e tudo parecia estar bem.

O PARQUE PARA CÁES

Mas às vezes eu acordava num sobressalto e não conseguia voltar a dormir. Ficava observando o teto, olhava para Gizelle roncando, Conner roncando, ouvia os ruídos do trânsito na rua. Fechava os olhos na esperança de que o sono chegasse. Nada. Depois de uns quarenta minutos, eu desistia, saía da cama de mansinho, calçava meus sapatos, prendia a coleira em Gizelle e voltava para a minha casa às quatro da manhã, grata por ter um Cujo para me proteger na caminhada. Eu me deitava na minha cama, na qual me aconchegava com Gizelle, e me perguntava por que, afinal, eu tinha ido embora.

Logo chegou dezembro, e eu não queria sair de Nova York, mas Conner aceitou tomar conta de Gizelle e eu fui passar o Natal no Tennessee. Então, dei um beijo de despedida nos dois e peguei um ônibus da Grand Central Station para o aeroporto LaGuardia. Papai me buscou no aeroporto em Nashville. Fomos até o apartamento da minha mãe, perto da Universidade Vanderbilt, para nos encontrarmos com Tripp, Jenna e Erisy, que tinham acabado de chegar da Califórnia. Normalmente, a casa da mamãe no Natal parecia o Polo Norte, mas quando cruzei a porta da frente e olhei ao redor, não havia decoração de Natal. Não havia árvore de Natal.

Tripp, Jenna e Erisy estavam sentados no chão da sala, cercados por uma pilha de enfeites artesanais — feltro, hastes de chenille, sinos, laços, suéteres vermelhos e camisas xadrez. Estavam fazendo roupas para uma festa de fim de ano que haveria na noite seguinte. Bing Crosby cantarolava no iPhone de Tripp, e estava passando *The Muppet Christmas Carol* na TV diante deles. Erisy levantou em um pulo e me deu um lindo suéter xadrez de Natal que tinha feito. Combinava com o dela e botava a Martha Stewart no chinelo. "Meu Deus, é perfeito, adorei!", falei sorrindo ao nos abraçarmos. (Como ela consegue ser tão boa em tudo, caramba?) Papai levou minha mala para o quarto de hóspedes no segundo andar. Tirei o casaco e Erisy e eu fomos correndo até o banheiro perto da cozinha para experimentar nossos suéteres. Tripp e Jenna vieram logo depois, e todos nós nos espremmos no minúsculo banheiro para ver aquelas criações de

MINHA VIDA COM UMA AMIGA DE QUATRO PATAS

Natal. Eu estava perguntando a Tripp se devíamos usar nossos suéteres para ir jogar dardos em um boteco velho chamado Villagers Tavern quando nós ouvimos.

Um grito horrível seguido pelo estrondo de um corpo desabando no chão. Corremos para fora do banheiro, subimos as escadas e encontramos mamãe, com meu pai abaixado, segurando a cabeça dela.

— Liguem para a emergência! — gritou ele.

O corpo da minha mãe estava todo rígido, as mãos travadas parecendo garras e ela estava tendo uma convulsão. Ficamos parados por um segundo, tentando entender o que estava acontecendo.

— Vão buscar AJUDA! — papai berrou mais alto. — RÁPIDO!

Eu nunca tinha visto meu pai tão apavorado. Começamos a agir. Tripp pegou o telefone e ligou para a emergência. Jenna foi pegar um travesseiro para apoiar a cabeça da minha mãe. Corri para fora e dei de cara com uma rua escura e tranquila de Hillsboro Village. Senti o frio atingir meu rosto e meus dedos dos pés ao parar descalça usando minha camisa de Natal. "Socooooorro!", berrei, ouvindo o desespero em minha própria voz, sem nem mesmo saber quem eu chamava. Erisy correu atrás de mim, seu grito saiu muito mais agudo e furioso, com lágrimas que caíam pelo rosto.

— Ela parece estar morrendo! Ela está morrendo? Está *morrendo*? — exclamou Erisy. Antes que eu pudesse responder, ela espremeu os punhos contra o rosto e gritou:

— SOCOOOORRO! — Seu grito era pior que o da minha mãe. SOCOR-RO! — berrou novamente, enquanto alguns vizinhos saíam de suas casas. Agarrei a mão dela, tentando puxá-la para mim. Então ouvimos a sirene.

Quando os paramédicos chegaram, as convulsões tinham diminuído. Minha mãe estava semiconsciente, respirando, mas continuava no chão, sem conseguir falar. Fiquei na escada e vi os paramédicos levantando--a do chão e colocando-a em uma maca. Sua cabeça estava caída para o lado, pressionando uma bochecha contra o ombro. Corri para pegar sapatos para ela usar no hospital e encontrei o armário lotado de sacolas da Target cheias de enfeites de Natal reluzentes, ainda com as etiquetas. A mãe que eu sabia que ela queria ser estava presa bem ali naquele armário.

Sentei no banco da frente da ambulância e segui para o hospital. Não sei por que fui eu que sentei no banco da frente, mas por algum motivo, por ser a filha mais velha, eu sempre acabava ficando ali. O resto da família veio de carro logo atrás. O motorista me perguntou se minha mãe tinha problemas com drogas.

Tem.

Ela sabe disso?

Não.

Ela tem problemas com bebida também?

Tem.

Ela sabe que tem problemas com bebida?

Fiz que não com a cabeça.

A época de festas é difícil para todos nós, falou ele. E então me contou que já tinha amado uma pessoa viciada.

Mamãe passou três noites no hospital. Na véspera de Natal, fomos até o apartamento dela para nos despedir. Ficaríamos no Tennessee para o Natal, enquanto ela iria novamente para uma clínica de reabilitação, agora na Flórida. Mas eu não me importava. Jurei a mim mesma que eu não me importava, mesmo depois de passar um dia inteiro ao telefone tentando encontrar a clínica certa. Dei um abraço de despedida em minha mãe. Não um abraço apertado. Eu não queria mais me apegar a ela.

Uma filhotona

Lauren, Yoda, Bertha e Gizelle

Com Gizelle em um de seus passatempos preferidos:
viagens de carro

43rd Street, na Times Square

"Este currículo parece ótimo, Lauren."

Escrevendo em diários no telhado do Rio, nosso apartamento em Nova York

Um dia de sol no Central Park

Sinto como se ela estivesse caminhando comigo o tempo todo.

Nossas viagens de carro

Desfile de Halloween para cães do Tompkins Square Park

Ao contrário do prognóstico de que Gizelle talvez não chegasse ao outono, estávamos em outubro e ela ainda curtia a vida.

Riscando da lista o item "tomar sorvete"

Sempre quis que Gizelle fizesse um passeio de barco. Talvez porque adorávamos ver barcos a remo no Central Park, ou porque minha mãe sempre me dizia que sereias existiam.

Debaixo daquela enorme cabeça de mastim, com sua papada cobrindo meu rosto como uma manta, era um dos lugares do mundo em que eu me sentia mais segura.

"O que são essas coisas laranjas, Lauren? Devo me preocupar?"

Wells Beach, Maine

"Deixe-a ir."

Sinto uma saudade terrível dela, mas, sempre que isso acontece, ponho a mão no coração e sei que minha filhotona ainda me acompanha aonde vou.

Jardim 6BC na East Sixth Street

Nove

O mancar

Após algumas semanas eu estava de volta a Nova York. O inverno chegara com tudo no East Village: gelo, neve, lama, ventania. Não tínhamos mais a varanda nos fundos do Rio, e estava frio demais para dar banho de mangueira em Gizelle no Tompkins Square Dog Run, como eu fazia no início do outono. Então o banho dela era dentro da minha banheira, na qual ela parecia tão calma e serena que às vezes me dava vontade de acender umas velas e abrir uma *Vogue* para ela ler. É claro que, quando Gizelle saía da banheira e se secava, sacudindo o pelo molhado e jogando a água em mim e em tudo à nossa volta, a serenidade logo desaparecia. Mas Gizelle gostava tanto da banheira que às vezes entrava nela para dormir quando eu não estava em casa.

Certa vez eu estava tomando banho e Gizelle estava no banheiro, bebendo a água da banheira como sempre, até que ela pôs uma pata na beirada. *Ela não faria isso, né?*, pensei, dando tapinhas na cabeça dela enquanto os pelos grudavam na minha mão molhada. Ela apoiou outra pata. *Não, não pode ser.* E então, antes mesmo que eu tivesse tempo de impedir, ela largou as patas da frente na banheira e ergueu a própria traseira tentando ser suave e graciosa, mas entrou espirrando água para todo lado como uma bala de canhão. *Bem, essa é nova, Gizelle*, pensei, encolhendo as pernas contra o peito enquanto a água acalmava e ela se sentava arfando alegremente, como se fizéssemos isso juntas o tempo todo.

MINHA VIDA COM UMA AMIGA DE QUATRO PATAS

Gizelle ficou ali sentada, deslumbrada com a oportunidade de exibir mais uma vez seu superpoder de mastim: fazer as coisas caberem onde elas não cabem. E também seu outro superpoder de cachorra: a capacidade de *estar sempre ao meu lado*.

Ao voltar para Nova York, eu havia deixado para trás os problemas da minha mãe, mas agora os problemas não me deixavam. Quando fechava os olhos à noite, eu via minha mãe sendo amarrada a uma maca, sem vida, com a cabeça pendendo para o lado. Eu via a cor sumindo de seu rosto, as olheiras azuladas. Percebi que nem conseguia me lembrar de quando fora a última vez que eu a vira e tivera certeza absoluta de que ela estava sóbria. Em meu quarto escuro no East Village, me dei conta de que todas as lembranças da minha mãe eram ofuscadas pela incerteza. Será que ela estava lá no dia em que me levou para comprar Gizelle? E quando me visitou em Nova York? Na cama à noite, eu vasculhava as lembranças em busca da sua voz, uma voz suave, fina e melodiosa, não aquela tão arrastada e inebriada. E eu procurava seu sorriso. Mas não encontrava essas lembranças em lugar nenhum. No entanto, quando pensava nos enfeites de Natal que tinha visto em seu armário, eu me agarrava ao fato de que *aquela* era a mãe que ela era e queria ser.

Porém minha mãe estava em profunda negação. Foi por isso que eu não soube o que dizer quando o motorista da ambulância me perguntou se ela tinha problemas. Às vezes era mais fácil acreditar que ela estava bem do que aceitar a verdade, que ela não estava. Às vezes eu conversava com minha mãe ao telefone quando ela estava totalmente bêbada só porque eu sentia sua falta e queria falar com ela, e eu nunca conseguia decidir o que era pior: tê-la na minha vida com seu vício ou não tê-la na minha vida de nenhuma forma. Mas eu não queria mais viver em negação. A negação estava fazendo minha mãe de refém. Então tentei seguir em frente e cortar minha mãe da minha vida.

Papai sugeriu que eu participasse mais do Al-Anon, um programa de apoio para amigos e parentes de alcoólatras. Eu tinha estado lá algumas vezes antes. Quando éramos mais novos, meu pai nos levara ao Alateen,

O MANCAR

a divisão do programa dedicada a adolescentes. Embora não fosse a mais assídua no Al-Anon, eu tentava arranjar tempo para ir, e quando conseguia sempre ficava feliz de ter comparecido. Mesmo que eu não falasse, era reconfortante passar uma hora sentada em uma sala com outras pessoas que entendiam como eu me sentia. Também era reconfortante saber que muitas outras pessoas lutavam contra o vício. Eu não era a única. Mas eu não sabia como fazer meu programa de recuperação em 12 passos. Ainda estou trabalhando nisso.

Conforme o inverno dava lugar à primavera e eu tentava parar de me preocupar com minha mãe, fui ficando mais apegada a Conner. Eu ficava encantada quando ele me mandava e-mails do tipo "Vou para a Filadélfia em algumas semanas para umas reuniões. Você e Gizelle querem ir comigo? Espero que sim, porque incluí Gizelle na reserva do hotel." Depois ele nos buscava em um carro alugado, o assento de trás forrado com toalhas de praia para conter os pelos de Gizelle, e íamos até a Filadélfia, onde ela comia petiscos de cachorro no formato do Sino da Liberdade. *Ele é tão pragmático!*, eu pensava. *O Sino da Liberdade, a Filadélfia, Conner, Gizelle... tudo isso faz sentido.*

Eu não podia perdê-lo também. Precisava dele para garantir que as coisas se acertariam. Gizelle e eu passávamos a noite em seu apartamento quase sempre que ele estava na cidade. Eu podia sentir minha transformação, de uma garota que não tinha medo da solidão para uma garota que morria de medo de ficar sozinha. Às vezes eu pegava no pé dele por não falar muito abertamente de seus sentimentos por mim, do nosso relacionamento. Às vezes eu tentava controlá-lo, mudá-lo, moldá-lo para se parecer mais com a imagem que eu queria, o que sempre nos levava às mesmas discussões: "Você pega no meu pé por tudo!", dizia ele, revirando os olhos para mim. "Estou fazendo o melhor que eu posso. Gosto muito de você. Mas você não ajuda pegando sempre no meu pé."

Então eu chorava e pedia desculpas, falava que não queria ser esse tipo de garota. Não queria ser aquela namorada carente e irritante. Eu não era assim. Queria ser independente e ficar bem estando sozinha.

MINHA VIDA COM UMA AMIGA DE QUATRO PATAS

Rebecca sempre me perguntava o que eu faria se Conner *de fato* dissesse que me amava mais do que tudo no mundo e que me achava incrível. "Você conseguiria dizer o mesmo para ele?", indagava ela, me encarando com desconfiança. "Você o ama?" Eu não respondia. Eu não sabia. Só sabia que ficava muito mal sem ele, e isso tinha que significar alguma coisa, não é? Continuei naquela relação. Cheguei a convidá-lo para uma viagem em família, para que ele conhecesse papai, Erisy, Tripp e Jenna.

Até que um dia eu estava sentada no meu escritório-closet em Tribeca quando meu chefe entrou. Derek olhou as caixas organizadas e empilhadas, as araras etiquetadas, as t-shirts de gola redonda básicas separadas por cores e os sapatos com seus pares.

— É, você agora sabe organizar um closet, não é?

Ele sorriu, passando a mão pela mesa na qual não havia nenhuma amostra. Naquele dia, sentada diante do computador, me dei conta de que eu de fato sabia organizar um closet. Então talvez fosse hora de deixar o closet.

Voltei a distribuir meu currículo e fui a uma entrevista em uma empresa de relações públicas para turismo em Midtown. Eu não fazia ideia de que isso existia e saí de lá pensando: *Bem, não vou ser chamada para essa vaga*. Após umas poucas semanas, mandaram um e-mail me oferecendo o cargo de executiva de contas. "Deve ser piada", falei para Rebecca, ao ler a parte do e-mail em que perguntavam qual nome eu queria no meu cartão de visitas. (*Cartão de visitas!*) Fiquei muito empolgada, mas também me senti como se estivesse enganando aquela gente ou algo parecido. Era o emprego perfeito para uma garota que ama viajar. Eu trabalhava com uma operadora de turismo personalizado chamada Jacada Travel, que oferecia viagens de luxo customizadas ao redor do mundo, e com um hotel cinco estrelas em Machu Picchu chamado Sumaq. Eu pesquisava aventuras perfeitas e lugares diferentes e distantes. Ok, o trabalho nem sempre incluía ir a esses lugares diferentes e distantes, mas sempre havia esperanças de que pudessem me mandar para uma aventura.

O MANCAR

Talvez a melhor parte do meu emprego novo fosse trabalhar em um escritório pequeno com uma chefe que adorava cachorros, então às vezes Gizelle ia comigo para o trabalho. Ela subia pelo elevador de carga até o quinto andar, no qual levava muito a sério sua função, que era dormir ao lado da minha cadeira.

Eu me sentia no controle da minha vida. Namorado — *confere!* Melhor amiga — *confere!* Apartamento no East Village. Carreira. Cachorra. *Confere! Confere! Confere!* Eu estava até tentando me qualificar para a Maratona de Nova York, fazendo as corridas mais longas, de oito, nove ou dez quilômetros, sozinha, e as mais curtas com Gizelle.

Era um daqueles dias em que parecia que podia chover, mas a previsão do tempo dizia céu limpo. Soltei a guia de Gizelle da coleira e ela ganhou velocidade, galopando à minha frente, virando a cabeça para ver se eu a acompanhava. Acelerei até ficarmos lado a lado e depois reduzi o ritmo para correr elevando os joelhos. Fiquei contemplando a paisagem do outro lado da água, no Brooklyn. Dava para ver um pedacinho de céu azul-claro atrás das nuvens. Respirei fundo um pouco daquele ar fresco e baixei os olhos até a minha melhor amiga, mas ela não estava mais do meu lado.

— Gizelle?

Olhei por cima do ombro e vi que ela estava vários passos atrás, andando como se não quisesse que a pata de trás tocasse no chão, descendo a pata lentamente e em seguida levantando, como se o concreto estivesse quente demais e não desse para tocar nele.

Eu me virei e caminhei até ela, me ajoelhando na calçada sob a Williamsburg Bridge.

— Posso ver sua pata? Sua pata está bem, garota? — perguntei, pensando que talvez alguma sujeira das ruas de Nova York tivesse agarrado na enorme pata de Gizelle.

Abaixei a cabeça até perto do chão e virei a pata esquerda traseira dela com cuidado para examinar as frestas profundas entre os coxins.

Cutuquei as patas dela.

— Dói aqui, Gizelle? — perguntei baixinho, perscrutando os olhos dela e dando tempo para que ela respondesse, sempre presumindo que ela responderia. Ela arfou. — E aqui?

Pressionei de novo. Gizelle levantou a cabeça e me olhou, curiosa. Depois mordiscou meu nariz e encostou o corpo no meu joelho e se sentou. *Esse é o seu jeito de dizer que está bem?* Esfreguei as laterais dela por alguns minutos, dei três palmadinhas de "vamos lá", e ela se levantou do meu colo para começar a caminhada para casa. Tínhamos dado uns dez passos quando...

Ela mancou.

Era sutil, mas ela estava mancando.

Liguei para Conner logo que voltamos para o meu apartamento e ele correu até lá. Ficou observando Gizelle com a mão no queixo, enquanto eu a chamava de um lado para o outro do corredor estreitinho.

— Ah, com certeza é só alguma coisa presa na pata.

Ele se ajoelhou para examinar as pernas dela, me ignorando como se não fosse nada.

— Falando sério. É muito mais provável que só tenha alguma coisa enfiada lá dentro que não estamos conseguindo ver — garantiu ele, virando a pata dela e estreitando os olhos para avaliar ainda mais de perto. Parecia estar fazendo contas de cabeça enquanto a examinava.

— Não, não é isso. Eu sei que não é. — Havia na minha voz uma impertinência que não era intencional.

Ele se sentou por uns instantes, parecendo intrigado.

— Não sei o que é então. É bem esquisito. — Ele apertou os lábios e largou as mãos ao lado do corpo, aturdido. Eu sempre ficava preocupada quando Conner dizia que não sabia algo. Ele supostamente sabia tudo. Saber as coisas era sua maior qualidade e seu maior defeito.

— Tenho certeza de que vai passar. Mas não é melhor levá-la à veterinária?

Na nossa primeira consulta, a veterinária examinou o modo como Gizelle andava, assim como Conner fizera, assistindo de pé com um ar profissional, batendo o dedo indicador na própria bochecha enquanto eu fazia Gizelle desfilar de um lado para o outro pelo corredor do consultório sob uma lâmpada branca fluorescente.

— Certo, vá para lá, Gizelle. Isso mesmo, agora para cá. Que cachorra boazinha.

Gizelle me seguia ansiosamente, de cabeça erguida, fazendo barulho ao pisar no chão, o que teria sido ótimo se não tivéssemos ido ali por um motivo.

— Ela parece bem — declarou a veterinária. — O mancar que você viu podia ser só uma rigidez depois de um inverno longo. Ela não parece estar sentindo dor. Eu só ficaria de olho na pata.

Por algumas semanas, fiquei de olho e não havia nada para ver. Gizelle parecia bem. Até que um dia no Tompkins Square Park ela voltou a mancar.

— Gizelle está andando meio estranho? Está arrastando a perna? — perguntei a Conner, nervosa, enquanto ela andava à nossa frente, arrastando ligeiramente a perna traseira no concreto.

Levei-a ao consultório outra vez. A veterinária avaliou o andar de Gizelle e a resposta foi: rigidez? Artrite? Depressão? E: "Ela parece estar em grande sintonia com as suas emoções, pela maneira como a observa. Você está deprimida, Lauren? Isso pode estar afetando Gizelle." E também: "Ela está com uma infecção urinária."

Os veterinários encheram Gizelle de vitaminas e remédios caríssimos para a infecção urinária. Encomendei uma cama térmica para cães que aparentemente ajudava a reduzir a dor nas articulações. A veterinária também me aconselhou a segurar uma toalha sob as patas traseiras de Gizelle nos dias em que ela parecesse mancar mais, para funcionar como um guindaste e ajudá-la a subir e descer as escadas do prédio.

Eu estava otimista. Os veterinários não viram nada muito sério; ela só arrastava de leve a perna traseira, e o problema ia e vinha. Mas sempre que eu achava que tinha passado de vez ela voltava a mancar. Então um dia decidi ir a uma pet shop holística atrás de orientações. Conner e eu

MINHA VIDA COM UMA AMIGA DE QUATRO PATAS

fomos juntos. Nós nos esprememos entre as prateleiras lotadas de catnip orgânico e brinquedos de mastigar biodegradáveis para chegarmos ao fundo da loja, onde havia uma fila de donos com seus cães e gatos diante de um velhinho. Ele tinha uma cabeleira branca e orelhas grandes típicas de idosos. Estava sentado em um banquinho de madeira, meio corcunda, e atrás dele havia uma prateleira repleta de vitaminas, livros empoeirados e potes cheios de pós coloridos.

Conner ficou mexendo no celular enquanto esperávamos, e Gizelle se sentou aos meus pés. A mulher na minha frente tagarelava ansiosamente com o velhinho sobre seu yorkshire que continuava tendo ataques de pânico (coincidência?). O sujeito ouvia com atenção, mas não demonstrava nenhum sinal de simpatia, assegurando à moça que dar o floral de Bach Honeysuckle ao cãozinho nervoso duas vezes por dia ajudaria a aliviar a ansiedade. Ela se afastou agradecida e então chegou a minha vez. Ele me olhou desconfiado.

— Oi... Essa é a Gizelle. — E continuei: — Ela está... é...

Mas antes que eu pudesse terminar esse pensamento fui interrompida.

— Que tipo de comida você dá para essa cachorra?

Logo depois que respondi desejei poder retirar o que eu disse. Ele contraiu o rosto de repulsa e olhou para mim:

— Está me dizendo que alimenta esta linda cachorra, essa criatura incrível que você possui... — ele chegou o rosto mais perto do meu — com *merda*?

Abri a boca, mas só consegui gaguejar. Pude ver Conner em um canto a poucos metros de distância, balançando a cabeça e dando risadinhas enquanto olhava para o iPhone.

— Você é jovem. Dá para ver isso. Dá para *ouvir* também. Tem quantos anos, 19? — continuou o homem. — Deixe-me lhe dizer uma coisa. Esta linda criatura — ele pousou a mão enrugada e cheia de veias na cabeça de Gizelle —, esta cachorra merece muito mais do que *merda*.

Engoli em seco. Eu concordava totalmente. Não queria dar merda para Gizelle comer. Mas não achei que a Purina fosse tão ruim assim. Ela sem dúvida parecia gostar.

O MANCAR

Quando dei por mim, o sujeito estava remexendo em uma gaveta e tirando de lá um rolo de papel de recibo em branco.

— Antes que eu possa ajudá-la, preciso que assine isso. — Ele abriu espaço para espalhar o papel. Em seguida leu as palavras em voz alta uma a uma enquanto as escrevia:

"Eu

não

vou

dar

para..."

Então parou por um instante e bateu a caneta no próprio queixo:

— Qual é o nome da cachorra mesmo?

— Gizelle.

— Ah, é, é, isso mesmo — continuou ele. — Eu não vou dar para Gizelle qualquer, QUALQUER outra ração que não seja da marca Blue Buffalo.

— Assine — ordenou ele, batendo a caneta duas vezes no papel. Eu não ia discutir, nem perguntar se haveria alguma cláusula que permitisse dar comida de gente. Peguei a caneta e concordei com aqueles termos. O sujeito pegou o recibo e assinou também. Depois saiu vasculhando pela loja enquanto Conner, Gizelle e eu o seguíamos. Eu tentava explicar mais sobre o problema intermitente na pata de Gizelle, mas enquanto o homem me dava atenção me vi tagarelando sobre o fedor que Gizelle exalava de vez em quando, a infecção urinária, a constante perda de pelo, o focinho seco, e sobre como eu estava querendo algum produto novo que fosse orgânico para limpar os ouvidos dela, os dentes etc. Ele não disse muita coisa, mas quando me dei conta eu estava gastando um valor de três dígitos na pet shop holística e mal podia esperar para levar Gizelle para casa e começar sua nova dieta saudável e orgânica.

— Muito obrigado, senhor — falei, quase fazendo uma reverência, e tirei as sacolas do balcão.

— Esse cara é maluco — sussurrou Conner, pegando a coleira de Gizelle.

MINHA VIDA COM UMA AMIGA DE QUATRO PATAS

Ela não parou de mancar, então fui a outra veterinária, no East Village, perto da minha casa. Havia duas senhoras de pé atrás do balcão. Uma falava com um sotaque carregado de Nova Jersey, usava um monte de colares dourados e reluzentes e tinha tatuagens de patinhas no pulso. Ela se referia a Gizelle como minha "filha" e eu adorei isso. Pedi que observassem a maneira como Gizelle andava. Quando dei por mim, a senhora com sotaque de Jersey estava no chão atrás de Gizelle, massageando os músculos das coxas dela, e eu sentada na frente de Gizelle, de pernas cruzadas sobre o piso frio, fazendo carinho nela e coçando suas orelhas para deixá-la o mais confortável possível. Em seguida, a veterinária pressionou a parte da perna esquerda traseira dela que equivaleria ao joelho em uma pessoa, chamada jarrete. Ela apertou os lábios, chegou a cabeça para o lado e olhou para mim.

— Calor — afirmou ela, pressionando aquele ponto com o polegar outra vez. — É, tem calor aí. — Assentiu com a cabeça, confirmando.

Ela recomendou que eu levasse Gizelle a um neurologista veterinário altamente conceituado para investigar melhor aquilo. "O que o neurologista vai me dizer?", eu quis saber. "Não é muito grave? Gizelle só tem seis anos! Como pode ser grave?"

Marquei uma consulta com o neurologista em Midtown o quanto antes. Fomos de táxi até Uptown e eu faltei o trabalho, tudo para chegar lá e descobrir que minha mastim não cabia no aparelho de tomografia computadorizada. Então eles concluíram que podia ser um ligamento rompido e que, se eu pudesse deixá-la repousar por quatro semanas e limitar seus passeios a duas caminhadas de dez minutos por dia, poderia passar sozinho.

Poderia passar sozinho? Mas e se não passasse, como ia ser? O veterinário a entupiu de analgésicos e disse que o consultório deles em Nova Jersey tinha uma máquina na qual Gizelle caberia. Se eu fizesse questão de realizar o exame, continuou ele, poderia alugar um carro e levá-la até lá. Engoli em seco. Senti meu lábio tremer.

— Mas... mas... exame para quê? — perguntei.

O MANCAR

E ele começou a listar as coisas terríveis que poderiam ser. Comecei a fungar, depois escorreu uma lágrima. E aí não consegui mais conter as lágrimas. O veterinário tentou me consolar dizendo que eu poderia decidir esperar um pouco mais para ver se o analgésico e o repouso fariam com que ela parasse de mancar. Sentei no chão frio de cerâmica com a cabeça de Gizelle no meu colo e olhei para o veterinário. Eu estava com medo, mas não podia ignorar todas aquelas despesas enormes com veterinário, então decidi ser otimista e esperar.

— Pode ser que melhore. Ela provavelmente não está repousando o suficiente — acrescentou ele. — Não se preocupe.

Mas eu não conseguia não me preocupar. Um dos maiores problemas era a minha escada. Gizelle não conseguia repousar onde eu morava. Era um edifício sem elevador.

— É a minha escada! — falei, chorando. — Ela não vai se recuperar se ficar sempre subindo e descendo as escadas!

Tudo aquilo era demais. Gizelle continuava com a cabeça no meu colo, quase como se estivesse tentando me consolar enquanto eu ficava lá sentada chorando, vestida com meu blazer preto ridículo de ir para o trabalho.

— Quer dizer, posso levá-la para nossa casa em Nashville... Mas...

Eu chorava sem parar. O veterinário me olhou como se quisesse ajudar, mas não soubesse como.

Saí de lá e liguei para minha tia, porque a melhor amiga dela costumava ter mastins.

— Quantos anos tem Gizelle? — perguntou ela sem rodeios.

— Seis! Ela só tem seis anos! — respondi, chorando.

— Me desculpe, mas cães de grande porte não costumam viver muito tempo, querida. Minha amiga perdeu o dela com cinco anos.

Senti uma dor no peito, e foi aí que me dei conta de que eu sempre pensara que Gizelle viveria tanto quanto eu.

MINHA VIDA COM UMA AMIGA DE QUATRO PATAS

Naquela noite, me vi na cama com meu diário. Enquanto eu escrevia, Gizelle apoiava o queixo no colchão. Seu focinho farejava a borda das páginas. Eu me sentia muito perdida e não sabia o que fazer com Gizelle. Kimmy disse que poderia ficar com ela por uns dias em seu apartamento no primeiro andar enquanto eu pensava em um plano, se fosse necessário. Conner também ofereceu ajuda. Meu pai disse que eu poderia levá-la para nossa casa em Nashville e ele cuidaria dela. Mas eu não queria mais de 1.500 quilômetros nos separando. Lembrei-me da minha tia dizendo: "Eles não costumam viver muito tempo, Fernie." E pensei no veterinário falando que poderia ser algo mais. Eu não conseguia tirar essas palavras da cabeça.

Olhei para Gizelle, com seu focinho pressionando a borda do meu diário. Meu diário idiota no qual estavam todas as minhas listas. Minhas listas idiotas de todas as coisas que eu queria fazer na vida. Quando encarei minha cachorra e seus olhos brilharam para mim, pensei sobre a aventura de Gizelle, as coisas que *ela* gostaria de fazer na vida. De repente, minha lista deixou de ter tanta importância. Alguma coisa me dizia que eu precisava aproveitar ao máximo meu tempo com Gizelle.

Comecei a escrever coisas que eu queria fazer com Gizelle, e coisas que ela adorava fazer. *Vejamos. O que Gizelle adora fazer?* Bem, ela adorava ir ao Washington Square Park e observar as pessoas, e ela amava a Times Square de manhã, quando estava linda, cor-de-rosa e silenciosa. Ela adorava abraços, festas com dança e viagens de carro.

Espere aí. Viagens de carro. Pensei no verão dos meus 19 anos, quando eu botava Erisy, Yoda e Gordinha dentro do carro e saíamos por aí. Gizelle amava o carro. E fazia tempo que ela não viajava.

Dez

Pé na estrada

Era o fim de semana perfeito para uma aventura. Era verão na cidade grande, e Rebecca e eu já tínhamos planejado faltar o trabalho. Originalmente, a ideia era ir aos Hamptons para a festa de aniversário de um amigo dela do mercado financeiro, em uma casa branca bonita com a piscina cheia de boias descoladas em forma de cisne, donut e pizza. Mandei uma mensagem para ela: "Não quero ir a Sag Harbor com um monte de garotas metidas. Não podemos nem ir com Gizelle para lá."

Ela me escreveu de volta: "Você leu minha mente."

Liguei para o veterinário.

— Então, sei que ela deve ficar longe de escadas, mas tudo bem fazer uma viagem de carro? Se eu tomar bastante cuidado?

— Não vejo por que não — foi a resposta.

Escrevi para Rebecca: "Pé na estrada?"

"Pé na estrada."

Então Rebecca e eu alugamos um Prius no cartão de crédito e saímos de Nova York com Gizelle esparramada no banco de trás reclinado.

Nossa primeira parada foi no trânsito de Nova York. Com tudo congestionado e debaixo de chuva, dei uma olhada no porta-copos e percebi que não devia ter deixado Rebecca responsável pelo lanche da viagem.

— A couve do mar! — exclamou ela, abrindo os salgadinhos de alga e pondo um na língua.

MINHA VIDA COM UMA AMIGA DE QUATRO PATAS

Vasculhei a sacola de compras junto dos meus pés, na esperança de encontrar algo que não fosse outro pacote de algas, mas tudo que achei foram biscoitos para cachorro. Abri a caixa e dei alguns para Gizelle. Ela pegou os biscoitos da minha mão delicadamente (como uma dama) e em uma única mordida eles se foram. Eu estava tentando relaxar, mas fiquei um pouco ansiosa no carro. *Será que esta viagem é uma péssima ideia? Estou sendo muito irresponsável? Eu devia estar levando Gizelle para Nashville. Não tenho nenhum plano. Preciso de um plano. Isso não é bom.*

O limpador do para-brisa rangia de um lado para o outro e a chuva batia no teto do carro. Nós *meio que* tínhamos um plano. Bem, era mais um conceito. Sabíamos que estávamos seguindo para o norte. E que íamos começar por Stow, Massachusetts, cidade na qual viviam os pais de Rebecca, e terminaríamos em Kittery, Maine, onde a irmã e o cunhado dela moravam, mas fora isso estávamos só... dirigindo. E começamos devagar.

Talvez fosse a chuva. Ou o tráfego. Ou a parada em uma mercearia que sugeri que fizéssemos perto de New Haven. (Enchi a cesta com Nutella e morangos, batata frita, mortadela para Gizelle, peru para Gizelle, presunto para Gizelle, enquanto Rebecca comprou cenouras, o "melhor substituto para salgadinhos".) Ou talvez fosse culpa da mortadela, que não fez muito bem para Gizelle. A cada cinco minutos, um cheiro horrível se espalhava pelo carro. *Gizelle! De novo, menina? Abaixe as janelas. Vamos parar? Talvez devêssemos parar.*

Paramos em algum lugar entre New Haven e Stow e ajudamos Gizelle a sair do carro como se estivéssemos erguendo um sofá pesado, para que ela não pusesse peso sobre as patas. Então ficamos paradas em um pedaço de grama e esperamos...

E esperamos...

E esperamos.

— Ela deve estar precisando ir ao banheiro.

— Fala sério.

— Isso é ridículo.

PÉ NA ESTRADA

Porém ela só ficou de pé e nos encarou, ofegante e sorridente, quase como se esperasse que a gente fizesse alguma coisa. Dez minutos se passaram.

— Está bem, Gizelle. Mas não vamos parar de novo. Você perdeu a chance, garota — afirmou Rebecca.

Nós a erguemos de volta para dentro do carro. (*Três, dois, um, içar! Ai. Ai. Ai. Desse jeito. Não, desse. Meu Deus. Merda. Ai.*) Dirigimos por mais vinte minutos, e aí nossas narinas sinalizaram novamente. *GIZELLE! Devíamos parar? Vamos parar.*

Quando chegamos a Stow, já eram 11 horas da noite. Estávamos exaustas, mas logo nos animamos quando os pais de Rebecca mencionaram que havia pizza caseira esperando na bancada. O pai dela era mais reservado, como o meu, mas isso não o impediu de falar com Gizelle.

A mãe de Rebecca, Kathy, era o oposto. Ela era chef, jardineira e apaixonada por atividades ao ar livre, então, enquanto comíamos sua pizza gourmet ela vasculhou o armário e pegou tudo de que precisávamos para a viagem e que Rebecca e eu havíamos esquecido (ou não tínhamos): casacos impermeáveis, lanternas, lanternas de cabeça, ponchos, purificador de água, bússola, mapas. Ela nos deu um monte de mapas e os espalhou sobre a bancada falando de todos os ótimos lugares na Nova Inglaterra aonde poderíamos levar Gizelle. Era boa a sensação de estar sentada dentro de uma casa, na bancada da cozinha, com uma mãe e um pai e Rebecca, e Gizelle embaixo da minha cadeira, comendo pizza caseira sob a luz quente da cozinha. Joguei a borda da minha pizza para Gizelle. Ela não conseguiu pegar no ar, mas logo a abocanhou no chão. E, embora eu soubesse que estava violando meu contrato com o cara da pet shop holística, aceitei que aquela não seria a primeira vez, nem a última.

Após o jantar, fomos com Rebecca até o antigo quarto dela. Ajudei Gizelle a subir na cama e deitamos em seguida. *Festa do pijama!* Gizelle repousou a cabeça no travesseiro ao lado das nossas cabeças e alinhou o corpo com os nossos. Rebecca e eu ficamos uma de cada lado e a abraçamos, as três aconchegadas em segurança, formando uma fila.

— Estou feliz que não fomos aos Hamptons — sussurrei.

Rebecca deu uma palmadinha de boa noite no meu braço, e eu soube que ela também estava feliz.

Na manhã seguinte, partimos para as White Mountains. Eram três horas de viagem até lá e nós nos guiamos pelos mapas. Não os do Google. Os antigos, de papel, que Kathy nos dera. Por isso tivemos que pegar um monte de retornos — mas não era um grande problema, pois estávamos nos divertindo muito no carro.

— Sou apaixonada pelas Dixie Chicks — disse Rebecca, aumentando o volume do rádio e cantando com a música, enquanto percorríamos vales profundos e florestas.

Quando olhei para Gizelle, ela estava com um sorriso grande e bobo no rosto, e sua língua pendia da boca feito uma meia. Talvez aquela viagem não tivesse sido uma ideia ruim, afinal. Já fazia um tempo que eu não a via feliz daquele jeito.

Paramos no caminho para plantar bananeira na grama. Tiramos um cochilo ao lado de um riacho. Quando finalmente chegamos às White Mountains, levamos Gizelle para um happy hour no Woodstock Inn e demos uma enorme tigela de água com gelo para ela. Rebecca e eu pedimos duas cervejas Pig's Ear Brown Ale e brindamos com a tigela de Gizelle. *Tim-tim!* Era um dia perfeito. Só o céu azul, um barman das montanhas bonitinho vestindo camisa xadrez e as minhas melhores amigas.

O que mais fizemos por lá foi levar Gizelle para passear de carro. Ela precisava descansar as patas, e o carro era uma forma divertida de fazer isso. Fomos até a Kancamagus Highway, e Gizelle pôs a cabeça para fora da janela sem hesitar, as orelhas balançando ao vento. Rebecca e eu nos alternamos botando a cabeça para fora também, só para ver o motivo de toda aquela alegria. O vento arrancou o prendedor e meu cabelo voou descontroladamente na frente do meu rosto. Fechei os olhos, mas ainda pude ver o brilho do sol cintilando entre as árvores. Estiquei os braços para fora da janela e senti como se estivesse voando. Gordinha tinha razão — a sensação era incrível.

PÉ NA ESTRADA

Quando passamos por uma placa indicando a saída para Loon Mountain, nos demos conta de que não sabíamos para onde ir e encostamos o carro. Rebecca estava no banco do motorista, e Gizelle apoiou a cabeça no console central enquanto abrimos e seguramos o mapa entre nós duas.

— Para onde, Gizelle? — perguntei, como se ela tivesse alguma preferência.

Franconia Notch? Mas Gizelle não podia andar. Flume Gorge? Lá teríamos o mesmo problema. A Vila do Papai Noel? Muito cafona. Sugar Hill? Rebecca e eu nos entreolhamos e abrimos um sorriso.

Então demos a partida, levando Gizelle para Sugar Hill, só porque gostamos do nome. Dirigimos por uma hora até chegarmos a uma colina e daí o nome [*hill* é colina em inglês]. Passamos por um morro verde--claro, sem saber aonde íamos ou por que estávamos indo para lá — só queríamos ver o mundo. Seguimos em frente até a estrada ficar plana e chegamos em um chalezinho vermelho no qual ficava a HARMAN'S CHEESE & COUNTRY STORE: A CASA DO "MELHOR QUEIJO CHEDDAR DO MUNDO". Rebecca e eu olhamos em volta e não vimos nada além de lupinos e um gramado verde-claro. Sugar Hill era só uma loja de queijos?

Bem, Gizelle gostava de queijos (assim como eu e Rebecca). Então a deixei em um lugar confortável no pátio e entrei com Rebecca na loja. Provamos o "Melhor Queijo Cheddar do Mundo", compramos um pouco dele para Gizelle (outra violação do contrato) e depois ficamos sentadas no alpendre de madeira.

O policial de Sugar Hill apareceu.

— Saudações, senhoritas. Que cachorrinho lindo.

Cachorrinho? Aquele era o mundo de fantasia de Gizelle? Enquanto ele dizia isso, um Thunderbird conversível cor-de-rosa antigo passou devagar e buzinou. O motorista colocou o chapéu para fora da janela.

— Tarde, policial Joe!

— Tarde, Sam!

Conversamos com o policial sobre o clima, o céu estava limpo, azul e ensolarado — "outro dia perfeito em Sugar Hill". Será que tínhamos entrado em uma máquina do tempo e ido parar ali?

MINHA VIDA COM UMA AMIGA DE QUATRO PATAS

Quando estávamos indo embora, Rebecca e eu avistamos um mirante, uma construção de madeira na encosta de uma colina com um toco de árvore no meio. Pensamos se devíamos sair do carro de novo ou deixar Gizelle descansando.

— Só mais uma vista — insistiu Rebecca. — Vamos tomar bastante cuidado.

Nos sentamos no toco de árvore com o "Melhor Queijo Cheddar do Mundo", um pacote de biscoitos salgados e uma garrafa de champanhe que Rebecca insistiu que estourássemos ali mesmo, enquanto Gizelle sorvia água de sua tigela. *Pop!*, fez o champanhe. A vista de Sugar Hill era tão grandiosa que eu nem sabia para onde olhar. Dava para ver as White Mountains no horizonte, depois de uma vasta extensão de terra. As nuvens faziam sombras no chão, transformando o verde das copas das árvores em tons de azul-escuro.

— Ei, você devia incluir na lista de Gizelle comer o melhor queijo do mundo com a melhor vista do mundo — sugeriu Rebecca, apontando para o meu diário com a boca cheia de queijo e a garrafa de champanhe na outra mão, e em seguida tomou um gole.

Sentei no toco da árvore, passando meus pés nas costas de Gizelle, enquanto pensava nas coisas de que eu estava fugindo, de tudo que deixara para trás em Nashville e Nova York e não queria encarar naquele momento, que eu não *precisava* encarar naquele momento. Por um instante, senti como se tivesse fugido de tudo. Eu fugira do calor na cidade. O calor que irradiava dos edifícios, das paredes e das calçadas. O calor na pata de Gizelle.

Passamos outra noite em New Hampshire, e no dia seguinte, enquanto seguíamos para o Maine, Rebecca olhou para o celular.

— Ah — disse ela, virando-se e sorrindo para mim —, minha irmã acabou de me enviar uma mensagem. — Ela mexeu na tela. — E mandou avisar que você pode deixar a Gizelle na casa dela por um tempo, se quiser. Eles moram em uma casa de um andar que tem um quintal com gramado, e ela ficaria feliz em cuidar da Gizelle.

A irmã de Rebecca, Caitlin, já havia visto minha cachorra algumas vezes em Nova York, e desde então vinha pensando em ter um mastim. Eu gostava muito dela. Quando a conheci, senti como se também fosse minha irmã mais velha, como se a conhecesse havia anos. Ela era muito tranquila, tinha um jeito maternal. Caitlin morava em Kittery, no Maine, com o marido, John. No começo eu quis recusar a oferta. Quis responder: "De jeito nenhum! Está tudo bem! Tudo certo! Estamos muito bem e não precisamos de ajuda, e Gizelle vai ficar comigo!" Mas não consegui. Eu *precisava* de ajuda. Gizelle precisava ficar em um lugar sem escadas e eu não podia alugar outro apartamento. (Eu já tinha pensado nisso.)

— Todo mundo precisa de ajuda de vez em quando — lembrou Rebecca.

— Mas tem certeza de que eles não vão se incomodar? — perguntei. Rebecca encolheu os ombros.

— Duvido! Há muito tempo que eles falam em dar lar temporário para um cachorro. Você conhece a Caitlin. Ela e o John são as pessoas mais tranquilas do mundo. Você pode ir lá conferir. Os dois trabalham a cinco minutos de casa e chegam por volta das três da tarde todo dia.

Senti uma estranha mistura de alívio, alegria e tristeza, mas após alguns instantes não estava mais surpresa. De alguma forma Gizelle parecia sempre encantar as pessoas, e de alguma forma Rebecca sempre dava um jeito de fazer tudo dar certo. E bem quando pensei que estava fugindo das coisas, descobri que aquela minha fuga acabaria resolvendo os meus problemas. Ao menos por um tempo.

Entramos em Kittery, que era uma cidadezinha litorânea e simples no Maine, separada de Portsmouth, New Hampshire, só por uma ponte. Kittery lembrava a forma como eu desenhava o mundo aos 7 anos. As casas tinham cerquinhas de madeira e telhados que pareciam triângulos perfeitos. Rebecca e eu dirigimos, apontando o tempo todo para as belas rochas que contornavam o oceano, para os faróis listrados que contrastavam com o céu azul-claro e para o mar azul que toda hora entrevíamos

MINHA VIDA COM UMA AMIGA DE QUATRO PATAS

atrás de árvores verdes e altas. Com a brisa vinda do oceano, pude sentir meus ombros relaxando e respirei fundo, como eu não fazia tinha algumas semanas. Gizelle tinha voltado ao modo pateta com um sorriso enorme e cheio de alegria no rosto. Quando a tiramos do carro, ela andou direto para um montinho de grama e rolou de costas toda feliz, não parecendo estar com muita dor.

Em Kittery havia alguns poucos bares, um café chamado Lil's, um açougue local (com um dono obcecado por cães), uma biblioteca charmosa e o mar. Caitlin e John moravam na Pleasant Street, e a casa deles parecia um chalé, feita de madeira escura com venezianas verdes. Tinha um jardim cercado no qual havia um hibisco cheio de flores cor-de-rosa. Quando nos aproximamos da porta da frente, reparei que havia suculentas nas janelas e plantas penduradas no teto formando uma trilha de longas videiras. Caitlin e John nos receberam na porta. Ela correu para me dar um abraço que durou um pouquinho mais do que o normal, o suficiente para demonstrar que entendia o que eu estava passando com Gizelle. John era um cara descontraído que gostava da vida ao ar livre. No instante em que viu Gizelle, seu rosto se iluminou.

— Como vai, garota GG? — disse ele, rindo da enorme presença dela, chocado com o seu tamanho quando ela foi para cima dele com o rabo balançando lentamente.

John fez amizade com Gizelle rapidinho. Ela nem ficou tímida, o que era surpreendente, pois ele era bem grandalhão. Ele se abaixou para coçar as orelhas de Gizelle e ela apoiou o queixo no joelho dele. Quando nos levaram para dentro da casa, olhei ao redor e me dei conta de um fato: aqueles dois sabiam cuidar das coisas. Tinha pão assando no forno, e quando ficou pronto ele foi servido com geleia caseira. O aroma de sálvia invadiu a sala, e eu não ouvia nada além do lindo som do silêncio. Não havia sirenes, gritos, nem calçadas lotadas e barulhentas. Era um lugar tranquilo.

Gizelle subiu no sofá e se acomodou, e todos se amontoaram em volta dela, coçando suas orelhas e a pelanca em seu pescoço, falando que ela era a cachorra mais bonita do mundo. Seu rabo batia nas almofadas do sofá. Depois Caitlin e John foram nos mostrar os novos legumes que tinham colhido no terreno deles, perguntando o que Rebecca e eu queríamos comer.

— Fique aí, Gizelle — falei, pois ela precisava descansar.

Enquanto batíamos papo na cozinha, Gizelle desapareceu e fiquei um pouco preocupada — eu deveria estar de olho para que ela não andasse muito. Fomos procurá-la e a encontramos no quarto. Gizelle tinha subido sozinha na cama deles.

Eles nem se importaram.

— Boa menina! — disseram.

Em seguida acariciaram as orelhas dela, sussurraram para ela e a chamaram de GG. Eu soube que deixar Gizelle lá com eles era a coisa certa a fazer.

— Aqui é a colônia de férias em Kittery — garantiu Rebecca, segurando a minha mão ao ver as lágrimas nos meus olhos. — Podemos vir visitá-la no próximo fim de semana, se você quiser.

Então após uns poucos dias respirei fundo, dei a Caitlin e John um resumo da lista de medos de Gizelle, seus remédios e comida, e pedi que, por favor, fizessem com que ela descansasse as patas para ficar boa logo. Agradeci outra vez, abracei Gizelle com pressa e saí pela porta.

Onze

A descoberta

Foi quando aconteceu. Aquele telefonema. *O* telefonema. Gizelle estava no Maine com Caitlin e John. Eu tinha perdido a corrida de qualificação para a maratona naquela manhã, e ao voltar para casa vi as três chamadas perdidas. A mensagem de voz me esperando. Lá estava eu, de tênis, em pé na sala após retornar da corrida, ligando de volta. O telefone tocou duas vezes.

— Oi, Lauren — atendeu Caitlin, a voz suave ao pronunciar meu nome.

Ela explicou que estavam no veterinário em Portsmouth e que ele era de confiança. O cartão de visitas dele fora colocado na minha carteira algumas semanas antes, e eu o via toda vez que pegava meu cartão do metrô.

— Gizelle teve uma manhã difícil — continuou Caitlin. — Ela acordou bem pior, e vimos que precisávamos trazê-la aqui hoje. Não queríamos esperar.

Assenti e agradeci, e quando dei por mim era o veterinário que estava ao telefone.

— Oi, Lauren. Sou o Dr. Mathewson. — A voz dele também ficou mais baixa ao pronunciar "Lauren".

— Oi — murmurei.

— Nós... — Ele pigarreou. — Realmente lamentamos ter feito essa descoberta em Gizelle.

Parei diante da janela, com vista para o parque dos cachorros. Fiquei paralisada, enquanto aquele monte de cães do fim de semana corriam lá embaixo.

— Gizelle tem um osteossarcoma. É um câncer primário de origem óssea.

E lá estava ele.

— Sinto muito que você tenha recebido o resultado assim. Ninguém poderia ter diagnosticado antes. Às vezes leva-se mais tempo para descobrir a doença nessas raças gigantes. — Ele parou por um momento para esperar que eu dissesse algo, mas eu não tinha nada para falar.

— Lamentamos de verdade por essa descoberta — repetiu ele.

Eu odiava a palavra "descoberta" para se referir a doenças. A palavra "descobrir" sempre me pareceu que devia vir seguida por coisas maravilhosas, como tesouros enterrados, uma cachoeira na floresta, um lago escondido. Mas acho que era uma "descoberta", como um osso velho enterrado no solo. O câncer que fazia Gizelle mancar estivera enterrado nela todo o tempo, e esse veterinário finalmente tinha escavado tudo. O Dr. Mathewson me lembrou de que era uma doença "comum em cães de raças gigantes". Ele disse que o câncer ia continuar crescendo, como vinha fazendo todo aquele tempo. As células neoplásicas iam se duplicar e invadir o corpo de Gizelle. Então o câncer ia se espalhar e levá-la embora. E era isso que ia acontecer com a minha cachorra de raça gigante.

— Infelizmente, é um tumor maligno agressivo em cães, com alta taxa de metástase — afirmou ele, suspirando. — Mas há algumas alternativas que podemos tentar.

Eu poderia amputar a perna esquerda de Gizelle e assim cortar o calor. Após a perda da perna, continuou o veterinário, tranquilo, ela passaria por uma forte quimioterapia. Nesse ritmo, o câncer provavelmente já teria atingido os pulmões, então Gizelle ainda assim não iria sobreviver. Também seria muito doloroso para ela, e não era algo que ele recomendava para um cachorro tão grande.

A DESCOBERTA

A outra opção era um tratamento paliativo, que focaria em controlar a dor e retardar o processo de perda óssea, com aplicações mensais de quetamina por via intravenosa, seguidas de muitos analgésicos, que ela já vinha usando. Com essa opção, ela poderia ter mais alguns meses de vida, mas era difícil prever. Podia ser uma questão de semanas. O veterinário disse que eu saberia quando chegasse "a hora".

Eu sabia que aquele dia viria, mas nada poderia ter me preparado para ele. Me lembrou um pouco de quando a gente está prestes a pular no mar durante o inverno e sabe que a água está fria, mas nada pode nos preparar para o instante em que mergulhamos de cabeça e o mar envolve o nosso corpo com seus dedos gélidos. Nunca, jamais na vida eu poderia ter imaginado que essa notícia seria tão dolorosa, que me deixaria sem fôlego, que ao descobrir isso eu me sentiria como se não pudesse e não fosse mais seguir em frente. Sentei e solucei.

Não sei por quanto tempo fiquei ali sentada, chorando. Eu me sentia culpada porque não estava lá, porque minha companheira de todas as horas, minha Gizelle, estava morrendo e sentindo dor. Fiquei irritada com os veterinários: como eles ousavam me dar esperanças de que fosse só um ligamento rompido?! Depois fiquei irritada comigo mesma por pensar que poderia ser só um ligamento rompido. Mas isso não mudava nada. Eu ainda queria me culpar, me questionando se tinha feito tudo que fosse possível por Gizelle. O Dr. Mathewson tentou me fazer sentir melhor lembrando que, mesmo que eu tivesse feito o exame antes, a doença poderia não ter aparecido. Ele disse mais uma vez que sentia muito. Depois disse que Gizelle não estava demonstrando sofrimento, e eu sabia disso. Aquilo também quase me amargurava. Quanta dor minha menina corajosa vinha suportando sem reclamar nos últimos três meses?

Então a fúria passou. Fui tomada pela pressa. Peguei meu laptop e comecei a pesquisar a melhor maneira de sair da ilha. Pegar um ônibus em Port Authority? Alugar um carro? Ou pegar um trem para Boston e depois alugar um carro? Olhei para o relógio no canto da tela do computador e a cada minuto que passava eu ficava mais ansiosa: 12h30, 12h31,

MINHA VIDA COM UMA AMIGA DE QUATRO PATAS

12h32. Lágrimas caíram sobre o teclado. Cada tique-taque do relógio representava menos tempo para Gizelle na Terra.

Então tocou o telefone. Era o meu pai, ligando para saber como tinha sido a corrida. Eu mal conseguia enxergar a tela de tantas lágrimas, e só consegui explicar tudo de uma forma bem confusa.

— Calma, camarada — disse ele, me tranquilizando.

Mas eu não conseguia ir com calma. Não havia mais tempo a perder.

— Não. Preciso buscar Gizelle agora. E eu perdi aquela corrida idiota. Vou alugar um carro ou algo assim. — Assoei o nariz. — Ela precisa de mim.

— Sinto muito mesmo pela Gizelle. Sei que você quer sair imediatamente e ir atrás dela. Mas, Fernie, a Gizelle não acabou de descobrir que tem câncer. Entende o que quero dizer? Isso não é novidade para ela. Gizelle continua sendo a mesma de ontem quanto ao que sabe da vida. Ela é um animal. E esteve com câncer todo esse tempo. Não acha que talvez Gizelle já soubesse há algum tempo? Nós meio que pensamos que isso podia acontecer. Você mesma me disse que achava que podia haver algo muito sério.

Tentei respirar fundo ao telefone, mas não consegui. Voltei a chorar sem parar. Papai sugeriu que eu ligasse para outros veterinários para ter uma segunda opinião sobre o que seria o melhor a fazer naquele momento. Eu tinha *tempo* para pensar em um *plano*. Não *precisava* me enfiar em um carro alugado naquele exato segundo. Ele se ofereceu para ficar com Gizelle em Nashville se eu quisesse.

Liguei para Conner para dar a má notícia. Ele estava fora da cidade a trabalho. Na Disney World.

— Saiu o resultado do exame, e Gizelle tem câncer e ela está morrendo! — contei, aos prantos, pelo telefone.

Ele não me ouviu direito. Estava literalmente prestes a entrar no Magic Kingdom, mas me lembro de ter ficado ainda mais triste por ele estar no Lugar Mais Mágico da Terra e eu no pior.

— Caramba, eu sinto muito, Lauren. Você está indo para lá? Coitada da Gizelle.

A DESCOBERTA

— Estou tentando. Ainda não decidi. Não sei o que fazer.

— Ligue para sua chefe. Ela vai entender, pois adora a Gizelle. Vá encontrar Gizelle, você vai se sentir melhor.

Desejei desesperadamente que ele estivesse comigo. E a vontade de ter ele comigo naquele momento me fez pensar se eu realmente o amava.

— Diga a ela que para mim ela é a melhor cachorra do mundo, por favor?

Respondi que sim.

Desliguei o telefone e me sentei com força no piso escuro de madeira. Ainda havia bolos de pelo de cachorro embaixo do sofá. Eu sabia que meu pai tinha razão ao dizer para ir com calma e me lembrar das minhas obrigações no trabalho. Sabia que Conner tinha razão ao sugerir ligar para minha chefe e ir ficar com Gizelle.

Liguei para o celular da minha chefe naquele dia mesmo e dei a má notícia. Ela me disse para fazer o que fosse necessário. (Graças a Deus ela amava nossa cachorra do escritório.) Fui trabalhar na segunda de manhã para organizar tudo, mas passei todo o tempo meio atordoada, com lágrimas caindo no teclado enquanto meus colegas de trabalho ficaram me olhando. Então peguei minhas coisas, expliquei em um e--mail para minha chefe que ficar lá estava sendo muito difícil e tomei o primeiro ônibus para Portsmouth. Eu precisava ver Gizelle. Precisava ver Gizelle para poder levá-la até o mar. Ela nunca tinha visto as ondas rebentando na praia.

Fora o motorista, eu era a única pessoa no ônibus da tarde. Isso foi bom, porque chorei a maior parte do tempo enquanto passava *Os Goonies* na TV do ônibus. *Você tem cinco horas de viagem para chorar,* falei para mim mesma, e na mesma hora decidi que cinco horas era tempo demais e eu precisava parar com as lágrimas. Fechei os olhos e apoiei a cabeça contra o vidro. Quando abri os olhos e vi as árvores passando rápido pela janela, as cidadezinhas costeiras contornando o oceano, não pude deixar de pensar em todas as vezes que corri com Gizelle. À beira do East River no

MINHA VIDA COM UMA AMIGA DE QUATRO PATAS

inverno, dentro do Central Park no outono, de noite junto à biblioteca no campus quando eu ainda estava na faculdade e a vida parecia difícil, mas eu não fazia ideia.

Agora eu encarava a verdade. Era hora. O fim da nossa corrida. Ela nunca mais ia correr. Balancei a cabeça em descrença e olhei pela janela. Eu precisava encontrar uma forma de continuar dando um passo de cada vez. Então fiz a única coisa que a Lauren de 25 anos podia pensar em fazer. Desenterrei uma caneta do fundo da bolsa, vasculhei a mochila atrás do meu diário, abri na página na qual em algum momento eu havia escrito o título "Lista de desejos de Gizelle" e escrevi.

Eu estava na rodoviária de Portsmouth com minha mochila e uma bolsa verde de viagem, aguardando o carro econômico vermelho-vivo da Nissan que eu tinha alugado.

— Este serve? — perguntou o cara bonitinho de terno preto. Olhei para o banco de trás.

— É menor, mas você provavelmente não precisa de tanto espaço — disse o rapaz.

Não mencionei que tinha uma mastim, mas ele tinha razão: Gizelle e eu nunca precisávamos de muito espaço.

— Esse serve — respondi, pegando as chaves e tirando o carro do estacionamento.

O caminho de Portsmouth até chegar a Kittery levou dez minutos. Estacionei na rua, em frente à casa de Caitlin e John. Eles tinham dito que estariam no trabalho.

— Gizelle! — chamei antes mesmo de chegar à porta da frente.

A Pleasant Street estava tão silenciosa que do lado de fora dava para ouvir a cauda dela balançando. Peguei a chave que eu sabia que eles guardavam debaixo do tapete e abri a porta. Ela estava na sala, em sua caminha, que era uma pilha de colchonetes de espuma de casca de ovo que Caitlin e John tinham feito para ela, coberta com sua manta de lã vermelha preferida. Ela se ergueu devagar. Corri até ela antes que pudesse se levantar, me ajoelhei e passei os braços ao redor de seu pescoço.

A DESCOBERTA

— Eu vim, Gizelle! Estou aqui! — Então continuei, mais calma: — Estou aqui, menina. Vai ficar tudo bem. Estamos bem.

Ela apoiou as patas da frente acima do meu peito, me empurrando para o chão, e lambeu meu rosto com sua língua grande e arenosa, até que finalmente me sentei e a observei. Eu tinha certeza de que ela estaria diferente — com cara de doente, parecendo prestes a morrer. Mas não. Ela bateu o rabo contra o piso de madeira, mordiscou meu nariz e parecia... igual. Lágrimas brotaram nos meus olhos, embora tivesse prometido a mim mesma que não choraria. Abracei Gizelle outra vez. Ela apoiou a cabeça sobre a minha e afundei meu rosto em seus pelos. Não queria soltá-la. Um dia eu teria que soltá-la, mas não agora. Naquele dia ainda tínhamos coisas para fazer.

Parte II

A lista de desejos

Doze

O píer

Havia muitos itens para riscar na lista de desejos de Gizelle, mas o primeiro que eu queria cumprir naquele dia era ir à praia. Sempre tive vontade de levar Gizelle para ver o mar. Imaginava que ela gostaria de ficar diante de uma massa de água tão grande que a fizesse se sentir pequena. Além disso, no mar não existem ônibus que pudessem assustá-la. Somente o sol, a areia, a água azul-turquesa e as ondas. *Ondas.*

Descobrimos uma praia que aceitava cães em um lugar chamado Fort Foster Park e preparei uma bolsa de praia para Gizelle com todo o cuidado de uma mãe neurótica e superprotetora. Tigela de água, garrafão de água extra, toalha de praia. *Confere!* Glucosamina, gabapentina, Rimadyl, tramadol. *Confere!* Trouxe para ela também o frango que comprei no açougue, seu osso e o brinquedo vermelho de corda. Em seguida peguei as minhas coisas: câmera, diário, sanduíche.

Estacionei o mais perto possível da areia, depois carreguei tudo pelo estacionamento em uma velocidade de tartaruga. Não queria andar rápido demais e obrigar Gizelle a acompanhar meu ritmo. Naquele dia ela só estava mancando de leve, mas o veterinário tinha dito que era importante tomar um cuidado redobrado com as duas patas de trás. A esquerda estava cada vez mais fraca e, se ela machucasse a pata direita ao tentar tirar o peso da esquerda, não conseguiria mais andar.

MINHA VIDA COM UMA AMIGA DE QUATRO PATAS

Andamos cerca de dez metros até chegar em um trecho da areia que estava tranquilo, no meio de umas pedras, e deixei nossas coisas lá. Fort Foster Park era um lugar lindo. Havia um velho farol em ruínas ao longe bem na nossa frente, pedras escuras espalhadas pela areia, poucas pessoas e uma belíssima linha azul na qual o oceano e o céu se encontravam.

— Veja! O que é isso, Gizelle? É o mar! Está vendo o mar? — apontei.

Andei até a água enquanto Gizelle ficou sentada em nosso pequeno acampamento a poucos metros de distância, me observando.

— Vem, Gizelle! Vamos lá, menina! — tentei convencê-la, agitando os dedos na água.

O mar estava calmo e a água não estava muito gelada. Gizelle me olhou por um instante, parando para farejar o ar antes de se aproximar da arrebentação.

— Vai, menina! Você consegue!

Ela abaixou a cabeça devagar para examinar a água, com o rabo ainda entre as pernas, provavelmente imaginando o que aquela banheira enorme fazia ali e por que parecia estar se mexendo. Gizelle se aproximou rastejando, mas quando a primeira ondinha minúscula se espalhou delicadamente na praia, mal chegando a fazer cócegas em suas patas da frente, ela arregalou os olhos, se virou e recuou. Balancei a cabeça. *A velha Gizelle de sempre.* Depois que aquela onda se foi, ela tentou outra vez. E recuou. Avançou. Voltou. Avançou. Na quarta tentativa, seus olhos estavam me encarando.

— Vamos lá, Gizelle! — Bati palmas. — Vamos lá!

Ela foi avançando, caminhando direto para a água. Ergui as mãos, ainda batendo palmas.

— Boa menina! Muito bom, Gizelle! Você conseguiu! — comemorei, enquanto ela ficou lá, arfando e sorrindo, antes de tentar beber o mar.

Permanecemos ali por alguns minutos, admirando a forma como o sol brilhava na água. Me perguntei se Gizelle se sentiu pequena. Eu me senti pequena, mas também livre dos meus problemas. Por um momento, parada diante do oceano, eu não precisava resolver nada. E apesar das

O PÍER

terríveis circunstâncias que tinham nos levado até lá, eu ainda estava na praia com minha melhor amiga em um dia de semana, enterrando os dedos dos pés na areia molhada.

Gizelle se sacudiu, secando os pelos, ao voltarmos para nosso pequeno acampamento. Comi o sanduíche e dei para ela o remédio dentro de uma fatia de embutido e petiscos do açougue. Escrevi "Gizelle" na areia usando algumas conchas. Tiramos um cochilo. Depois de mais ou menos uma hora, andamos de volta para o carro com cuidado, e coloquei Gizelle no banco de trás, abraçando-a pela cintura, com naturalidade, como se fizéssemos isso o tempo todo, para ela não sentir vergonha. *Três, dois, um!*, pensei ao botá-la no carro. Fui para o assento da frente. Eu estava coberta de pelos de cachorro, com a pele cheia de sal, e havia areia no meu cabelo. Peguei meu diário e olhei para a lista. Risquei "Ir à praia", me sentindo feliz e realizada por ter feito algo simples que eu sempre quis fazer com a minha melhor amiga, e ela parecia ter gostado.

Nossa aventura continuou. Passamos a semana seguinte desbravando o Maine. Gizelle e eu descobrimos os melhores sanduíches de lagosta (no Clam Shack, em Kennebunk), os melhores donuts do mundo (no Congdon's Doughnuts, em Wells), percorremos estradas com vista para o mar, exploramos antiquários nos esforçando para não derrubar nada (Gizelle) nem cair no truque dos "artigos de colecionador" (eu). Conhecemos cabras e galinhas, nos perdemos de propósito e ficamos sentadas em um jardim para observar borboletas. Ocupei meu tempo inventando coisas para Gizelle fazer, tentando ser criativa e bolar programas que não nos obrigassem a andar, o que ajudou a afastar da minha mente a dor de perdê-la.

Ao voltarmos para Kittery, me peguei olhando para Gizelle pelo retrovisor do carro alugado. Ela estava esparramada no banco de trás com o focinho apoiado na janela, observando a vegetação que passava. Eu não conseguia parar de me preocupar com quanto tempo de vida ela ainda teria. Uma semana? Um mês? E se ela estivesse sentindo dor, mas não conseguisse me dizer? E como eu saberia quando chegasse a

MINHA VIDA COM UMA AMIGA DE QUATRO PATAS

hora de finalmente deixá-la partir? Mesmo tomando remédio para dor e recebendo doses mensais de quetamina, será que ela estava bem? Minha cabeça estava cheia de dúvidas, mas no fim só havia uma certeza, e essa era a parte mais difícil. Eu ia perder Gizelle.

Logo à frente surgiram nuvens cinzentas, e enquanto caía uma tempestade, me dei conta de que eu não conseguia evitar aquelas preocupações enervantes. Elas só tinham feito aumentar, e agora eu pensava em coisas que ainda nem haviam acontecido, coisas que talvez nem fossem acontecer. *E se Gizelle quebrar a pata que ainda está boa? E se minha mãe dirigir bêbada e ferir alguém? E se minha chefe na verdade estiver com raiva de mim por faltar o trabalho, mesmo que ela tenha dito que estava tudo bem? E se Gizelle morrer amanhã? Estou fazendo uma lista de desejos de Gizelle para que ela possa "viver no presente"? Mas será que Gizelle já não vive no presente? Que ideia idiota. Sou uma idiota.*

Continuei dirigindo, e quando a chuva finalmente diminuiu, o letreiro de uma casa antiga chamou minha atenção: FRISBEE'S 1828 MARKET, A MERCEARIA MAIS ANTIGA DA AMÉRICA. Dei meia-volta com o carro. Um item na lista de Gizelle era "Tomar sorvete". Talvez aquela fosse uma boa hora para parar. Entrei, comprei um pote e estava parada sob o letreiro do Frisbee, tentando decidir onde Gizelle deveria saborear seu sorvete de baunilha da Ben & Jerry's, quando notei um píer de madeira atrás da loja. Batia um pouco de sol na madeira, dando a ela um tom dourado encantador. Voltei para o carro e subimos o pequeno declive no qual ficava o estacionamento, para que Gizelle não precisasse andar. Depois a ajudei a sair do carro lentamente. A brisa do mar, salgada e morna, acariciou o meu rosto.

Quando pisei nas tábuas de madeira, os barcos de pescadores batiam contra o píer e as gaivotas sobrevoavam a água rumo ao horizonte. As unhas de Gizelle batiam no chão atrás de mim, e ela arrastava ligeiramente a pata traseira esquerda, o que atrapalhava seu habitual ritmo de trote, mas a cauda ainda vinha balançando atrás dela. Embora não passasse de um pequeno píer atrás da mercearia mais antiga da América, aquele lugar parecia tão mágico que quase senti necessidade de falar mais baixo.

O PÍER

Sentei sobre a madeira e Gizelle se jogou no chão ao meu lado, em uma postura de esfinge, com o queixo erguido, me encarando ansiosa enquanto eu removia o plástico e a tampa do pote. Peguei um pouco de sorvete com a colher descartável e olhei para Gizelle, que observava a colher com a mesma expressão de desespero e determinação de sempre, como se o sorvete fosse passar a ser dela se ela o olhasse por tempo suficiente. Balancei o pote na frente dela, e ela o seguiu com a cabeça para a frente e para trás, salivando.

— Quer um pouco, garota? Você queeeeer?

Sua cauda deu uma chicotada na madeira, tamanha a empolgação.

Enquanto segurava o pote de sorvete na mão e olhava para Gizelle, pensei nas minhas preocupações, na gravidade delas. E em seguida pensei em como aquele momento estava sendo leve e relaxante. De que adiantavam as preocupações ali? A única coisa que podiam fazer era me impedir de curtir aquele píer com Gizelle. Então pedi educadamente que minhas preocupações, por favor, ficassem de lado por alguns instantes enquanto eu aproveitava aquele momento precioso no píer com a minha cachorra. E, pela primeira vez, elas me escutaram. Não que minha mente tivesse entrado em algum estado iogue e revolucionário de euforia e tranquilidade, mas durante uns vinte minutos não me senti perdida no emaranhado dos meus pensamentos. Eu estava no presente.

Botei o pote entre as patas de Gizelle. Ela mergulhou nele com sua língua comprida e lenta, afundando o focinho no sorvete enquanto o pote rolava pela madeira. Eu gargalhei, e depois chorei um pouco de alegria enquanto os barcos de pesca de lagosta passavam e ela se lambuzava.

Deixei que ela se esbaldasse com o Ben & Jerry's por um momento, tirei algumas fotos e depois segurei o pote com firmeza na frente dela. Agora eu sabia que Gizelle e eu tínhamos um novo lugar secreto no litoral do Maine, atrás da mercearia mais antiga da América. Enfiei a colher dentro do pote de sorvete e passei um pouco no focinho dela. Ela lambeu tudo.

— Isso mesmo, Gizelle. — E soltei uma risada.

Treze

A lista de uma cachorra

Talvez fazer uma lista de desejos para uma cachorra fosse uma ideia ridícula. Talvez Gizelie não tivesse desejos para realizar antes de morrer. Talvez ela nem devesse tomar sorvete. Um homem enfurecido me disse certa vez que fazer uma lista de desejos para uma cachorra era egoísmo. "Essa lista é toda para você!", exclamou ele. "Listas de desejos de cachorros só servem para satisfazer as pessoas!"

Talvez ele tivesse razão. Na mesma hora pensei nos biscoitos de cachorro que sempre comprei para Gizelle. Eles tinham formato de carros e sapatos, hidrantes e esquilos ("coisas que os cães adoram"), e todo dia eu olhava para Gizelle e perguntava: "Qual você quer hoje? O sofá? Ou o esquilo?" Até que um dia isso me pareceu ridículo. Gizelle não tinha ideia do que eram esses formatos. Aquele biscoito tinha o formato de um esquilo para mim. Não para Gizelle. Talvez tudo seja para as pessoas (e os cachorros participam de boa vontade). Eu *sabia* que Gizelle não podia escrever uma lista de desejos. Ela era uma cachorra. Cães não sabem escrever.

Mas às vezes eu gostava de imaginar que Gizelle *sabia* escrever. De acreditar que, se eu dissesse "Ei, Gizelle! Faça sua lista de desejos, OK? Anote tudo que você tem vontade de fazer na vida", Gizelle poderia ter dificuldades em criar a própria lista. Ela nunca foi muito alfa. Me seguia aonde eu fosse e sempre parecia querer fazer o que eu estivesse fazendo. Gizelle provavelmente espiaria a *minha* lista e copiaria tudo.

MINHA VIDA COM UMA AMIGA DE QUATRO PATAS

Então, *se* Gizelle estivesse copiando a minha lista, o próximo item seria:

Levar Gizelle para passear de barco

Eu sempre quis que Gizelle fizesse um passeio de barco. Talvez porque a gente adorava ver as canoas no Central Park, ou porque minha mãe sempre me disse que sereias existem (e eu tinha obsessão pelo filme *A Pequena Sereia* — só quando era muito pequena, é claro). No começo sonhei alto. Um cruzeiro pelos trópicos em um navio que permitisse cães? Será que daríamos um jeito de entrar em um daqueles iates brancos e lustrosos em Battery Park City? Mas, quanto mais eu pensava nisso, lembrava que a lista de desejos era de *Gizelle*. Um cruzeiro exigiria esforço demais para uma cachorra doente e aqueles apitos de navio a assustariam mais do que qualquer buzina de ônibus em Nova York. Além disso, Gizelle não podia andar muito em terra. Eu não ia testar as patas dela em alto-mar.

Então, em um fim de semana Conner e eu fomos parar em Moultonborough, New Hampshire, com Gizelle. Alugamos uma casa velha e caindo aos pedaços, com galos no quintal da frente e um lago nos fundos. Estávamos parados descalços na grama, sob o forte sol de verão, planejando ficar deitados perto da água, quando eu a avistei. À sombra das árvores que ficavam na beira do lago havia uma grande canoa de plástico.

Na mesma hora imaginei os três juntos na canoa flutuando pelo lago, enquanto Conner remava. Gizelle adorava andar de carro; como ela poderia não gostar da brisa suave de um passeio de canoa? Eu odiava o fato de que ela não podia mais correr. Navegar em uma canoa seria uma forma de continuar explorando novos lugares e novos cheiros sem precisar andar.

— Conner, temos que levar Gizelle para passear naquela canoa.

Conner olhou para mim, depois para Gizelle, que estava de pé ao meu lado, com a pata traseira esquerda erguida, tomando cuidado para não pesar sobre ela.

— Ela estava com medo da churrasqueira ontem. Acha mesmo que vai querer subir em uma canoa?

A LISTA DE UMA CACHORRA

— Se a gente entrar na canoa, ela vai entrar também.

Atravessamos lentamente o quintal e descobrimos que a canoa estava presa na lama, coberta por teias de aranha, servindo de casa para diversas criaturas de seis e oito patas, e que dentro dela havia uma água parada marrom e lamacenta.

— Tem certeza de que *a gente* quer entrar nessa canoa? — murmurou Conner.

Confirmei, explicando que era por causa daquela lista dos desejos de Gizelle que eu vinha fazendo, meio brincando, mas falando bem sério.

— Certo, certo, certo. A lista de *desejos* — disse ele, virando-se para Gizelle. — Bem, se é para a sua lista de desejos, Gizelle... — E sorriu.

Conner largou a mochila no píer e entrou na água. Ele estava sem camisa, com o cabelo despenteado, tão diferente de seu uniforme na cidade. Tinha até uma barba crescendo no rosto. Gostei dele assim — bronzeado e rústico, na lama à beira do lago. Assisti enquanto ele arrancava o barco daquele barro pegajoso e despejava a água suja. Gizelle o observou, abaixando-se de leve quando ele levantou a canoa. Então Conner pegou um colete salva-vidas laranja velho e sujo e afastou alguns insetos e teias de aranha. Puxou a canoa mais para dentro do lago e a segurou com as duas mãos.

— Você entra primeiro, Lauren. Aí chama a Gizelle. E eu vou erguê-la — ordenou ele.

Pus o primeiro pé, agarrei o colete salva-vidas (um travesseiro para Gizelle), depois a encorajei a me seguir, batendo palmas e dizendo:

— Vem, garota!

Ela cheirou a beirada da canoa e me lançou um olhar intrigado.

— Veeeeeeem — falei mais baixo.

Ela hesitou no início, mas depois levantou a pata da frente.

— Boa menina! Continue vindo.

Segurei a canoa enquanto Conner correu para abraçar o quadril frágil de Gizelle e erguê-la com cuidado. Ela logo se acomodou, enrolada sobre os meus pés. Conner subiu em seguida, pegando o remo e a mochila.

MINHA VIDA COM UMA AMIGA DE QUATRO PATAS

No começo ficamos perto do píer, para o caso de ela odiar a experiência. Conner e eu nos sentamos de frente um para o outro, e Gizelle ficou deitada entre os dois, olhando para mim.

Enquanto avançávamos lentamente pelo lago, Gizelle levantou a cabeça e examinou o horizonte, com as orelhas para a frente, os olhos focados. Eu a observava com cuidado, torcendo para que estivesse se divertindo. Quando sua boca se abriu em um arfar e pude ver os dentes e as papadas formando um sorriso, eu soube que ela estava se divertindo. Contornamos a beira do lago. Ficamos procurando castores e outros animais, ouvimos os pássaros e vimos alguns marrecos flutuarem ao nosso lado. Passamos por um trecho no qual havia lindas ninfeias espalhadas pela superfície da água.

"Olhe, é exatamente como aquela cena de *Diário de uma paixão*", imaginei Gizelle dizendo quando ela apoiou a cabeça na beirada da canoa, com um vento suave acariciando suas bochechas.

— Ela está gostando! — não resisti e comentei com Conner quando voltamos ao meio do lago e pusemos os remos dentro da canoa, para flutuar para onde quer que a corrente suave nos levasse.

Fechei os olhos e estiquei as pernas, inclinando a cabeça para trás, sentindo o sol quente do fim de tarde em meu rosto. Conner abriu duas cervejas que tirou da mochila. Fazia silêncio, um silêncio que não encontrávamos em nenhum lugar de Nova York, nem mesmo no Central Park à noite.

Gizelle apoiou a cabeça na minha coxa e olhou para mim. Descansei a mão atrás das orelhas dela, acariciando suavemente. Cada músculo do meu corpo estava relaxado, como se por dentro eu fosse feita de manteiga. Estávamos navegando pelo que pareceu ser muito tempo quando...

Toc! Conner bateu com o remo na canoa.

Bam! Ele bateu de novo, xingando em voz baixa.

— O que está fazendo? — perguntei, ofegante, enquanto Gizelle tentava vir para o meu lado, arranhando o plástico com suas garras e procurando ficar de pé, o que fez a canoa a balançar.

A LISTA DE UMA CACHORRA

— Uma aranha! — gritou Conner, erguendo os pés para bater na canoa sem parar. — Droga! Errei! Merda! Errei de novo!

Gizelle continuou lutando contra a canoa. Ficamos balançando com força para um lado e para o outro, provocando ondas no lago que antes estava tranquilo. Começou a entrar água na canoa. Caiu um pouco de cerveja.

— Pare com isso! Pare com isso! — berrei para ele, pondo as mãos em Gizelle para que não tivéssemos uma mastim ao mar. "Nadar" não fazia parte da lista de desejos de Gizelle e "Resgatar uma mastim manca do lago" não fazia parte da minha.

— Você está surtando, Gizelle! — gritei. — Se acalme, Gizelle... Ah! Ah! Ah! ARANHA! Aranha, aranha, aranha. É uma aranha enorme! Meu Deus, está na Gizelle. *Em cima* da Gizelle! Ai, meu Deus!

A aranha era peluda e tinha um corpo gordo do tamanho de uma noz. Ela deslizou pelas costas de Gizelle e depois pulou. Agarrei o colete salva-vidas.

— Merda! Merda! Merda!

Bati em Gizelle de leve, mas sem pensar, tentando afastar a aranha.

— Desculpa, garota! Desculpa! Desculpa! — exclamei, dando um golpe final que acabou com a vida da pobre aranha, bem ali na parede da nossa canoa.

Conner começou a se acalmar e limpou a perna suja de cerveja. Respirei. Gizelle olhou em volta. Então, depois de se acomodar de novo e relaxar bem rápido, ela apoiou o queixo no meu joelho e voltou a arfar sorridente como se estivesse tudo bem. Larguei o colete salva-vidas. As patas da aranha, que antes corriam, agora estavam esmagadas do outro lado da canoa. Me senti um pouco mal.

— Acho que já passeamos de canoa o suficiente para a lista da Gizelle — sugeriu Conner.

Concordei. Eu não conseguia parar de olhar a aranha. Com sorte, "passear de canoa com um mastim" constava na lista de desejos dela.

MINHA VIDA COM UMA AMIGA DE QUATRO PATAS

Umas duas semanas depois, Rebecca deixou Nova York e foi nos encontrar em Camp Kittery para mais aventuras da lista de desejos de Gizelle. Até os pais dela vieram de Stow.

Fui até a o açougue em Kittery e comprei um vistoso naco de carne — uma fatia bem marmorizada de costela de boi criado no pasto, com uma bela capa de gordura. A mulher atrás do balcão do açougue, que já sabia qual era o pedido de Gizelle, disse que "não tinha erro com aqueles quinhentos gramas que eram o verdadeiro paraíso". Eu esperava que ela estivesse certa quanto a não ter erro, porque, a menos que botar molho picante no rámen para viagem ou cozinhar quinoa em uma chaleira contassem como dotes culinários, minha experiência na cozinha deixava um pouco a desejar. A plateia se reuniu na cozinha enquanto eu tirava a carne crua do papel branco e dizia a Gizelle que aquilo tudo era dela, segura de que ninguém ia brigar pelo primeiro filé de costela que eu preparava.

Acendi o fogão. Ele fez vários sons intimidantes de estalido antes de acender de repente. Joguei um pouco de manteiga no ferro fundido e depois atirei a carne. *Ssss!* O bife chiou. Esperei e em seguida virei a carne a cada 15 segundos, como se faz com uma panqueca. Por alguma razão, meu primeiro filé de costela estava parecendo mais um hambúrguer de fast-food do que os belos bifes com marca de brasa que meu pai preparava no Tennessee. O cheiro de carne e gordura tostadas se espalhava pela cozinha enquanto Gizelle assistia atentamente, sentada, apoiando-se na minha perna com o focinho encostado no balcão da cozinha, as orelhas para a frente, os olhos vidrados, como se a carne estivesse prestes a sair correndo da panela.

— Está quase pronto, menina — expliquei para ela, dando-lhe uma palmadinha na cabeça, enquanto eu apagava o fogo e cutucava a carne com o dedo. Parecia estar no ponto certo de maciez. Por fora era marrom, com um pouquinho de rosa entre as fendas.

— Ao ponto para mal, certo? — perguntei.

Ela não desviou o olhar. É, ao ponto para mal estava ótimo.

A LISTA DE UMA CACHORRA

Deslizei a espátula por baixo do filé e o joguei em um prato. Rebecca apoiou o queixo no meu ombro, avaliando minha obra-prima. Ela o encarou por um segundo, e quando olhei para ela nós duas rimos.

— Gizelle, ela trabalhou muito para fazer esse bife, hein? — falou, acariciando a cabeça de Gizelle.

— É, Gizelle, isso não é um bife de churrascaria, não são sobras que o Conner trouxe de algum restaurante com estrelas Michelin, nem foi feito pelo papai, mas eu trabalhei muito para prepará-lo. E fiz especialmente para você — expliquei para ela, indo para o quintal, com Gizelle e o resto da nossa nova família me seguindo.

Fiquei descalça na grama, segurando o prato diante de mim como uma bandeja, e me toquei de que não havíamos decidido se cortaríamos a carne em pedaços ou se a daríamos inteira para Gizelle. Ficamos na dúvida, mas então imaginamos Gizelle no quintal destroçando o bife na boca, rasgando-o pedaço por pedaço, saboreando sua suculência como se fosse um animal selvagem pendurado em suas enormes presas. *Vamos dar o filé inteiro.* A plateia ficou de pé segurando iPhones e câmeras na frente do seu rosto. Balancei o filé de costela de meio quilo sobre a cabeça de Gizelle enquanto ela abria a boca, seus olhos castanhos estavam tão arregalados que a parte branca aparecia.

— Certo, garota! — falei, sorrindo. — É agora...

Soltei o bife e ele desapareceu como se fosse uma pedrinha caindo em um poço. Gizelle o engoliu como um comprimido, sem mastigar. Ficamos em silêncio por uns instantes, e então a plateia de Gizelle baixou as câmeras lentamente. Rebecca inclinou a cabeça, curiosa, estreitando os olhos para Gizelle. Imaginei o bife flutuando na barriga dela como uma câmara de ar que desce por um rio sinuoso. Gizelle nos encarava com um olhar ávido e preocupado, como se dissesse: "Posso comer outro pedaço?"

Catorze

As folhas caem

Ao contrário do prognóstico dado pelo veterinário — de que Gizelle talvez não chegasse ao outono —, estávamos em outubro e ela ainda curtia a vida. Foi difícil acreditar que no Halloween anterior eu estava pesquisando ideias de fantasias e pensando: *Vamos mostrar para aqueles chihuahuas vestidos de lagosta quem é que manda aqui.* O Halloween se aproximava novamente e eu estava pesquisando mais ideias para a lista de desejos, tentando mostrar para o câncer quem é que mandava ali, grata por ainda ter Gizelle comigo.

"Leve Gizelle para ser o cachorro dos bombeiros por um dia!", sugeriu um amigo. Sirenes? Homens robustos de chapéu grande? Caminhões velozes e imprevisíveis? Não vamos botar o pior pesadelo de Gizelle na lista de desejos dela.

"Que tal uma aula de doga? É uma yoga que se faz com cachorros." *Ah!* Mas que tipo de postura se faz em uma aula dessas?

"Leve-a para o parque dos cachorros pequenos. Deixe-a ser ela mesma por um dia." Tentamos isso uma vez. Aqueles chihuahuas ficaram irritados.

"Paraquedas?" Humm... Por mais que eu quisesse dar a Gizelle a versão mais extrema possível de botar a cabeça para fora da janela... Não.

"Um bife grelhado?" *Confere!*

"Uma noite de Netflix?" *Confere!*

MINHA VIDA COM UMA AMIGA DE QUATRO PATAS

"Dividir o macarrão como a Dama e o Vagabundo! Fazer uma festa com dança! Arrumar um rapaz para G!" *Confere, confere, confere!*

Foi quando recebi uma mensagem de texto do meu pai.

"Ver as folhas do outono com o vovô? LOL Papai"

Meu pai ainda não sabia o que significava "LOL", mas os sentimentos dele em relação a Gizelle haviam mudado por completo desde os tempos em que ela era "uma filhotona" e aquilo foi só mais um enorme lembrete de como minha mãe era negligente. Mesmo sabendo que o motivo do convite não era *apenas* Gizelle — já que ele não me via tinha algum tempo, e Gizelle era daltônica, e, portanto, não distinguiria o vermelho e o amarelo das folhas do outono como nós —, eu concordei totalmente. Observar as folhas caírem seria um acréscimo perfeito à lista de desejos de Gizelle. Então papai comprou uma passagem de Nashville para Nova York e logo nós estávamos saindo de Camp Kittery e passeando de carro pelo litoral do Maine, com Gizelle no banco de trás.

Agora meus pais estavam oficialmente divorciados, e para mim isso era um alívio maior que qualquer outra coisa. Eu nunca tinha visto os dois felizes, rindo ou de preguiça no sofá assistindo a um filme juntos, como faziam os pais dos meus amigos. Eu sabia que eles não se davam bem. "Você não pode se divorciar dela?", eu perguntava abertamente ao meu pai na época da faculdade, toda vez que minha mãe tinha uma recaída. Ele sempre me respondia que não era tão simples. Em seguida me lembrava de que um dia eles tinham sido felizes e talvez eu não me recordasse. Mas enfim meus pais se divorciaram, depois de cinco anos vivendo separados e 28 anos de casamento. E o divórcio deles não me afetou muito.

Eu sabia por alto que meu pai estava namorando alguém. Ele tinha acabado de visitar Erisy em Santa Barbara, e ela me contou que ele ficava o tempo todo mandando selfies para uma mulher chamada Linda. Tripp, Jenna, Erisy e eu rimos muito trocando mensagens de texto sobre aquilo: "Papai? Namorando? Uma mulher chamada Linda?" Como se ele só pudesse ser nosso pai e mais nada além disso. Ficamos felizes, mas ainda

AS FOLHAS CAEM

era estranho pensar nele com outra mulher. Ele esqueceu a minha mãe, e às vezes eu sentia inveja por ele ter conseguido se divorciar dela, cortar os laços e encontrar alguém novo. Às vezes eu queria poder esquecê-la também. Mas eu ainda me sentia magoada, zangada e confusa em relação a ela, e desejava desesperadamente tê-la de volta em minha vida.

Não tínhamos reservado nenhum hotel, o que era algo incomum para o meu pai, que gostava de planejar tudo, especialmente no que dizia respeito a "saber onde vou dormir esta noite". A alta temporada no Maine estava acabando, e quando viramos na curva da US Route 1 em Cape Neddick notei uma entrada que dava para um conjunto de chalezinhos brancos. Espalhados em uma clareira cercada por árvores bem amarelas, os chalés tinham cadeiras de balanço na varanda e venezianas azul-celeste. O lugar parecia ter saído de um conto de fadas, era perfeito para um mastim, ficava perto do mar e em cinco minutos nós éramos as únicas pessoas hospedadas lá. Gizelle e eu desfizemos as malas, escolhemos um lugar no sofá-cama e saímos para apreciar as árvores.

Quando avistei uma pilha de folhas douradas, tive que resistir ao impulso infantil de sair correndo e pular nela, porque sabia que a minha enorme sombra ali do lado se esforçaria ao máximo para correr atrás de mim. Então caminhei devagar, com Gizelle em meu encalço. Sua pata traseira esquerda mal tocava no chão, pois não aguentava o peso. O que o veterinário havia descrito como um mero calor era agora um caroço visível, do tamanho de um ovo, na parte de trás da perna de Gizelle. Eu sentia saudades do estrondo das patas de Gizelle pisando na terra. Saudades de perseguirmos uma à outra no parque. Saudades de correr com ela. Mas avançamos lentamente, e quando já estávamos lado a lado, não havia mais necessidade de conter meus impulsos infantis.

— Pronta, Gizelle?

Abri os braços e caí sentada naquele monte de folhas barulhentas. Gizelle se jogou bem em cima de mim.

— Certo, garota. Está ótimo. Pode sentar aqui.

Massageei as laterais do corpo dela. Olhei para o céu e vi uma folha amarelada se soltar de um galho, girando e dançando no ar. Uma folha vermelha caiu em seguida. E depois outra, cor de vinho.

Enquanto admirava as cores que caíam das árvores, pensei em como algo poderia estar tão bonito logo antes de ficar marrom e deixar o mundo para sempre. Certa vez Kimmy me disse que as folhas eram a única coisa que ficava mais bonita logo antes de morrer, mas ao ouvir um farfalhar nas folhas ao meu lado eu soube que aquilo não era verdade. Olhei para Gizelle, que tinha deixado "seu assento" e agora rolava de costas sobre as folhas, com a barriga para cima, as pernas abertas de um jeito nada adequado para uma mocinha. Sua língua pendia de um lado, e as papadas revelavam dentes brancos e brilhantes. Havia folhas penduradas nas papadas formando algo parecido com uma barba. Ela sorria, ofegante, e estava mais bonita do que nunca.

No dia seguinte, as nuvens desceram do céu e se espalharam pelo litoral do Maine. O tempo ficou frio e chuvoso; em seguida fez sol, geou, caiu uma neblina, para depois voltar a chover. Tudo no mesmo dia. Tudo que fazíamos era ligar e desligar o limpador de para-brisa. Meu pai não tinha muita experiência em fazer listas de desejos para cães, mas se animou quando garanti que a lista de Gizelle era bem flexível — a gente ia bolando tudo no meio do caminho e Gizelle gostava de fazer sempre as mesmas coisas. Descobrimos os melhores sanduíches de lagosta várias vezes. Visitamos nossa praia favorita, vazia e cheia de pedras; meu pai tirou fotos com o iPhone bem na frente do rosto, olhando para a tela e sorrindo, enquanto eu tentava atrair Gizelle para perto das ondas novamente.

— Vem, amigona, vamos tirar uma selfie na praia. Vem aqui, Gizelle — disse meu pai indo nos encontrar junto à água. Ele se ajoelhou na areia e esticou o braço na nossa frente, inclinando-se para enquadrar a cabeça de Gizelle e lutando para conseguir apertar o botão direito com o dedo. Eu ri e revirei os olhos, registrando em algum lugar da minha mente que tirar selfies com meu pai na praia era um bom acréscimo para a lista de Gizelle, e talvez para a minha também.

AS FOLHAS CAEM

— É muito bonitinha a forma como Gizelle olha para você, Fernie — comentou ele, de volta ao carro.

Sorri para ele e me virei para passar a mão na cabeça de Gizelle.

— Ela observa você com tanta atenção. É como se ela fosse sua mãe. Acho que nunca vi um animal olhar para alguém do jeito como Gizelle faz com você.

Depois ele disse que ficava muito feliz por eu ter levado Gizelle para Knoxville e Nova York comigo, pois assim ele sabia que a "filhotona" estava sempre me protegendo. Falou que sentia muito porque ela não ia mais estar por perto. Meu estômago revirou quando ele disse isso, mas eu voltei a respirar e continuei com a mão no banco de trás, acariciando a cabeça de Gizelle, tentando focar no presente.

Passamos quase todo o tempo andando de carro pelas cidades do litoral, admirando os faróis e ouvindo Jimmy Buffett. Ficamos observando os surfistas, demos batata frita para as gaivotas, para Gizelle, e também comemos batata frita. Levei meu pai até o píer de Gizelle atrás da mercearia mais antiga da América. Depois paramos em um bar bem pequeno perto de Kennebunkport. Estava chovendo. O teto era baixo e o piso era feito de uma madeira vermelha que rangia. Gizelle se sentou embaixo da minha banqueta. Tomei uma cerveja pumpkin ale, e papai escolheu a cerveja mais leve que achou. Gizelle comeu mais batata frita. Eu também.

Demos uma volta por Wells Beach, e meu pai fez um retorno rápido quando passamos por uma plantação de abóboras em frente a uma igreja branca com uma torre alta e pontiaguda. Estacionamos o carro e caminhamos com Gizelle pela plantação sob a chuva fina para deixá-la escolher uma abóbora — o que significa que ficamos olhando Gizelle rolar na grama até derrubar uma abóbora e levar um pequeno susto.

— É essa! — falei, empolgada. Era uma abóbora quadrada, enlameada, meio podre de um lado e não tinha caule. — É perfeita, Gizelle — afirmei, limpando um pouco da lama e, em seguida, colocando a abóbora no carro.

MINHA VIDA COM UMA AMIGA DE QUATRO PATAS

Após longos dias de caminhadas curtas na praia, viagens por estradas sinuosas e refeições quentes, no fim das contas o que eu mais adorava eram as nossas noites, que passávamos sentados na mesinha de uma pequena cozinha. Gizelle estava deitada sob a mesa, com a cabeça apoiada nos meus pés. Papai tomou um gole da cerveja light que tinha sobrado da noite anterior e eu abri outra pumpkin ale.

— Mexe-mexe? — perguntou ele, cortando um baralho em dois e passando-o sobre a mesa.

Ele deu as cartas.

Eu perdi.

Eu dei as cartas.

Eu perdi.

E continuei perdendo.

Esfreguei os pés nas dobras do pescoço de Gizelle, e ela mordiscou meus dedos.

— Eu só perco, Gizelle!

A luz dos pequenos abajures e as paredes amarelas davam uma sensação reconfortante de calor. Espiei pela janela para ver a escuridão invernal e a friagem que assombravam o nosso pequeno refúgio provisório. Dava para ver o contorno dos galhos sem folhas contra o céu negro e as folhas que restavam tremendo ao vento. No fundo, eu sabia que, se Gizelle chegasse a ver o inverno, ela não conseguiria ver a primavera.

Ficamos sentados à mesa jogando cartas por algumas horas, e logo a conversa rumou para a mamãe. Eu não tinha muitas pessoas com quem falar sobre ela. Sentia vergonha: minha mãe era viciada em drogas.

— Tenho raiva dela — falei para o meu pai. Olhei em volta, dentro daquele chalezinho branco na praia, e pensei em como minha mãe adoraria estar ali se conseguisse ficar sóbria. — Ela está perdendo tudo, está desperdiçando a vida inteira. É triste demais.

Fiquei olhando para as minhas cartas, amargurada por todos os anos que eu tinha passado consertando as besteiras que minha mãe fazia, quando eu era quem ainda precisava de uma mãe.

164

AS FOLHAS CAEM

Pensei no dia em que havia comprado Gizelle. Mesmo que minha mãe já estivesse enfrentando o vício naquela época, ainda éramos melhores amigas. Ela ainda me dava apoio. E agora Gizelle estava chegando ao fim da vida, e nos últimos seis anos o vício da minha mãe só tinha feito piorar, até que um dia eu acordei e percebi que havíamos nos afastado. Mamãe tinha perdido reuniões de família e casamentos, o enterro de um amigo, os Dias das Mães, os Dias de Ação de Graças, os Natais, os aniversários dela, os nossos aniversários. Ela não ia aos lugares e, muitas vezes, quando comparecia, não estava sóbria. Às vezes ela só se oferecia para mandar dinheiro ou algum presente, na tentativa de mostrar que nos apoiava, mas embora fosse gentil da parte dela isso não compensava sua ausência. Eu preferiria tê-la por perto. Ficava pensando se ela iria ao meu casamento, ou se estaria comigo quando eu tivesse filhos. Eu não entendia por que ela não conseguia dar um jeito na vida.

Papai era mais fechado quando o assunto era a minha mãe. Sempre nos escutava se precisássemos conversar sobre ela, e eu nunca o ouvi falar mal dela, embora ela sempre falasse mal dele. Eu sabia que ele achava que não devíamos ter pena de nós mesmos, não devíamos nos sentir vítimas e que precisávamos ser fortes e gratos por tudo que tínhamos. Mas naquela noite meu pai se abriu.

— Será que ajuda se você enxergar sua mãe como alguém com uma doença? — disse ele, encarando as próprias cartas. — Sabe... Talvez um pouco como a doença de Gizelle?

Com certeza não era a primeira vez que eu ouvia alguém se referir ao vício como uma doença. Porém, sempre foi difícil enxergar minha mãe como alguém doente de verdade. Ao longo dos anos, eu a vira enfrentar todo tipo de coisa — se internar em uma clínica de reabilitação, dirigir bêbada, quebrar promessas, ser presa, ir para uma clínica de reabilitação, fazer terapia, ir a médicos, frequentar reuniões do AA —, mas o vício sempre vencia. Eu tinha ouvido inúmeras promessas — "Estou melhor! Estou bem! Estou indo às reuniões! Vou visitar você! Voltarei a dar aulas de aeróbica! Vou fazer trabalho voluntário no abrigo de animais! Vou me

MINHA VIDA COM UMA AMIGA DE QUATRO PATAS

mudar para a Califórnia! Vou visitar você! Vou visitar você e Gizelle!"
Mas ela nunca cumpriu nenhuma dessas promessas. Nunca mais acreditei
nela. Era muito difícil ter um relacionamento com alguém que parecia
mentir sobre absolutamente tudo.

Mas e se, no fundo, ela quisesse que todas essas coisas fossem verdade,
mas não conseguisse encontrar uma forma de torná-las verdadeiras? E
se ela realmente estivesse doente, perdida dentro da própria mente e incapaz de sair? E se ser viciado em drogas não fosse motivo de vergonha?
E se eu pudesse tentar enxergar as dificuldades que minha mãe estava
enfrentando, e em vez de ser mais um problema, eu tentasse olhar para
ela com empatia e compaixão — que é como vemos as pessoas que têm
doenças? Por um lado, o vício pode ser muito autocomplacente, então
é difícil enxergá-lo como uma doença, mas também sei que quem luta
contra ele precisa de mais do que força de vontade para conseguir se curar.

Fazia sentido dizer que minha mãe estava doente. Como o câncer,
o vício tinha efeitos colaterais que deixavam seu corpo irreconhecível e
impediam que ela agisse normalmente. Como o câncer, era difícil de
entender e angustiante de assistir. Como com o câncer, algumas pessoas
se curavam, outras não. Como com o câncer, talvez não fosse um problema apenas sentir tristeza. Talvez não fosse um problema aceitar que
não havia nada que eu pudesse fazer para mudar aquilo.

Muitas pessoas afirmam que o vício não é uma doença, e sim uma
escolha. Até mesmo alguns alcoólatras dizem que não querem ser taxados
de doentes. Mas eu creio que, se o vício fosse uma escolha, minha mãe
já estaria curada. Não acho que minha mãe quer continuar escolhendo
as drogas e o álcool em vez de mim. Acredito que ela está perdida nas
profundezas de seus problemas e não consegue sair.

Papai me disse que achava que o vício era um pouco como estar perdido num labirinto, e, se eu tentasse curar minha mãe, acabaria perdida
no labirinto com ela. E por mais que eu quisesse curá-la, para resolver o
problema, desistir e aceitar que eu não precisava fazer isso me dava certa
sensação de alívio.

AS FOLHAS CAEM

Eu não podia mudar o fato de que Gizelle e minha mãe estavam doentes, da mesma forma que não podia mudar o fato de que as folhas estavam mudando de cor e caindo das árvores. E talvez não fazer absolutamente nada a respeito do vício da minha mãe fosse, na verdade, o mesmo que fazer tudo, porque isso me permitiria escapar daquele labirinto para seguir em frente e ser grata pelas coisas maravilhosas que existem no mundo — faróis, plantações de abóbora no outono, gaivotas na praia, uma mastim cochilando sobre os meus pés, jogar baralho com meu pai no Maine.

Esse era o principal motivo de fazer uma lista de desejos para minha cachorra, não era? Eu não podia mudar o câncer de Gizelle. Nunca ia curar a doença dela. Só podia mudar minha atitude em relação ao câncer; ou ele me deixaria arrasada ou se tornaria minha desculpa para aproveitar a vida plenamente ao lado de Gizelle enquanto eu pudesse.

Fiquei ouvindo os galhos das árvores roçando contra as paredes do nosso chalé, e depois de perder uma dúzia de vezes e ganhar só uma partida, entreguei os pontos.

— Boa noite, pai — falei, dando uma palmadinha em seus ombros.

— Boa noite, Fernie. — Ele se levantou e me deu um abraço, beijou minha testa, tampou sua segunda garrafa de cerveja light e a guardou de volta na geladeira para o dia seguinte.

O veterinário tinha me falado que eu saberia quando chegasse o momento de deixar Gizelle partir, que sua qualidade de vida iria embora. Quando Gizelle não quisesse mais se levantar para fazer coisas normais como jantar, ir se deitar e comer petiscos nós saberíamos. Fui até o banheiro, e, enquanto estava em frente ao espelho com a escova de dentes, ouvi um barulho vagaroso de patas se aproximando. Gizelle parou por um instante, depois enfiou seu grande focinho preto na fresta da porta. *cheira, cheira, cheira.* Então soltou um gemido curto e triste. Eu ri e abri a porta. Ela entrou, me empurrando contra a pia, mas ainda conseguindo se espremer entre mim e o boxe. Em seguida, quando andei até a sala para deitar no sofá-cama, ela saiu do banheiro e me seguiu até lá, apoiando o rosto na cama.

— Pronta, menina? — perguntei, abraçando suas pernas e a levantando.

Ela rastejou para cima da cama e deitou a cabeça no travesseiro. Era Gizelle que ia me abraçar dessa vez. Ela pôs as patas em volta de mim e apoiou a cabeça na minha bochecha. Virei para encará-la, me aconchegando nas dobras ao redor de seu pescoço. E senti que ali, debaixo de sua enorme cabeça de mastim, com papadas cobrindo meu rosto como uma manta, devia ser um dos lugares mais seguros do mundo.

Quinze

Uma nevasca

A respiração de Gizelle rompia o frio, formando pequenas nuvens brancas à nossa frente. Era dezembro, o último Natal da minha mastim, e Conner e eu estávamos levando-a para Wells Beach, no condado de York, no Maine. O câncer na pata traseira dela tinha crescido e estava quase do tamanho de uma bola de bilhar, fazendo com que a pata ficasse balançando no ar, sem uso. Gizelle estava com dificuldade para ir ao banheiro e não gostava de sair da cama. A vida estava se esvaindo dela e eu sabia disso.

— Ver a neve cair na praia — rabisquei na lista de desejos de Gizelle, ainda tentando evitar a ideia de perdê-la. Rebecca tinha me dito certa vez que ver uma nevasca na praia é a coisa mais mágica do mundo, porque são duas das maiores maravilhas da natureza acontecendo ao mesmo tempo. Achei que Gizelle e eu deveríamos ter aquela experiência, e eu queria que Conner estivesse lá também. Ele me protegia da dor de perder Gizelle e minha mãe e me impedia de ficar presa em meus pensamentos. Era um disfarce para a solidão que eu tinha medo de sentir. De certa forma, me agarrar a ele era minha última chance de ter controle do mundo ao meu redor.

Conner abriu a porta de trás do nosso Ford Focus gesticulando como um chofer.

Gizelle, que já estava experiente naquilo, ficou junto ao banco de trás esperando por mim enquanto eu passava os braços sob sua cintura, a colocava com cuidado no carro e entrava depois dela. Gizelle e eu nos ajeitávamos no banco de trás, sua cabeça enorme aconchegada em meu peito, meu braço em volta dela como um namorado, coçando sua orelha, enquanto Conner dirigia pela I-95.

— Como está Gizelle? — quis saber ele.

— Bem — respondi, sorrindo ligeiramente pelo espelho retrovisor e aconchegando minha cabeça mais perto da dela.

Ela virou o focinho para lamber minha bochecha. Suas lambidas eram longas e demoradas, e ela lambeu usando a cabeça inteira, acompanhando a língua para cima e para baixo, quase com determinação.

No banco de trás, pensei no amor que eu sentia por Gizelle. Não havia nada que ela pudesse fazer que mudasse meus sentimentos por ela. Não importava que fosse um saco acordar de manhã, quando eu estava atrasada para o trabalho, e levá-la para passear na chuva, esperando ela cheirar as poucas árvores e os muitos sacos de lixo da 43rd Street. Não importava que eu precisasse varrer bolos de pelo tigrado no chão do meu apartamento e limpar saliva de cachorro seca das paredes toda noite, ou que uma vez eu tenha ido trabalhar com baba no cabelo. Não importava que os cocôs dela fossem tão grandes que certa vez alguém me disse que precisavam de um CEP só para eles, que meu apartamento virasse uma piscina toda vez que ela bebia água, ou que ela não fosse muito cuidadosa na hora de comer, de modo que às vezes eu pisava em ração mastigada e tinha a sensação de que havia purê de batata entre os dedos dos meus pés.

Eu odiava imaginar a vida sem Gizelle. Não queria deixá-la ir embora. Mas no banco traseiro do carro, a caminho de Wells Beach, quando pensei em como seria a vida sem Conner, percebi que não sentia o mesmo. Me perguntei se algum dia eu seria corajosa o suficiente para *deixá-lo* ir embora.

Originalmente eu havia planejado ir sozinha para aquele fim de semana no Maine com Gizelle, mas será que aquela era realmente uma boa hora para ficar sozinha? Conner era minha fortaleza. Estava me ajudando durante o maior problema que eu já havia enfrentado. Eu não tinha um plano B sem ele. E morria de medo de perdê-lo. Então criei todo tipo de

UMA NEVASCA

expectativa otimista para um fim de semana romântico juntos. E viajando pelo litoral do Maine até Wells Beach, ao olhar para minha bolsa verde no chão do carro alugado, quase dava para ver minhas expectativas para o fim de semana ali entre os objetos guardados.

Na bolsa eu estava levando o meu gorro, que planejava usar na praia gelada, aconchegada e de braços dados com Conner, bebendo um Cabernet cuidadosamente selecionado. Ele limparia um floco de neve das minhas bochechas geladas, me beijaria e diria que me amava. Havia uma lingerie que eu tinha comprado pensando nele; era delicada, vermelha, com rendas de Natal, e eu a encontrara em uma pequena boutique na 2nd Avenue, me sentindo muito adulta. Eu estava levando meu diário, com a lista de desejos de Gizelle, no qual não havia lugar para choradeira, apenas ideias natalinas de todo tipo, como:

Conhecer o Papai Noel
Cozinhar lagosta para o jantar
Comprar um presente de Natal na Scalawags Pet Boutique
Visitar uma fazenda de pinheiros de Natal
Abraçar
Ver a neve caindo na praia

Talvez eu imaginasse aquele fim de semana com Conner como uma espécie de livro do Nicholas Sparks. A sinopse seria algo do tipo: "Sofrendo com o câncer de sua cachorra, ela achava que Conner podia ser o cara errado, mas, após um fim de semana no frio de dezembro em uma praia do Maine, percebeu que ele podia ser o único capaz de salvá-la."

Chegando ao Lafayette Oceanfront Resort em Wells Beach, um hotel branco antigo construído na areia, havia algumas luzes isoladas acesas no estacionamento, mas todo o resto parecia abandonado. Apenas um pedacinho da lua surgia por trás de uma nuvem acinzentada, e era difícil dizer onde terminava o mar escuro e começava o céu.

171

MINHA VIDA COM UMA AMIGA DE QUATRO PATAS

— Podemos acrescentar "Hospedar-se em um hotel na praia" à lista de Gizelle — propôs Conner, tirando a bolsa de viagem de Gizelle do porta-malas e ajudando minha linda menina a sair do carro. Um vento frio de inverno vinha do oceano, fazendo meu cabelo voar de forma caótica na frente do rosto. Cruzei os braços, apertando-os contra o peito para me aquecer, e dei alguns passos lentos ao lado de Gizelle, que mancava pelo estacionamento em direção ao hotel.

O quarto tinha paredes em tons pastel, um sofá azul de dois lugares e sobre a cama havia uma colcha estampada com ninfeias. Do lado de fora, o vento soprava com fúria a temperaturas abaixo de zero. Dentro do quarto, começamos a nos mexer: Gizelle rumou para o sofá, eu fui direto para o closet e vesti um roupão branquíssimo e Conner abriu o champanhe Billecart-Salmon que ele tinha levado.

— À Gizelle — brindamos, segurando as taças enquanto ela se encostava no sofá sem tirar os olhos de nós.

Conner começou um monólogo sobre as notas cítricas e calcárias do champanhe, o buquê de pera madura com toques de feno ou algo do tipo, enquanto eu começava meu monólogo com as orelhas caídas de Gizelle, perguntando se ela queria uma das salsichas feitas com carne de gado criado no pasto que eu tinha comprado no açougue. Segurei a salsicha na frente do focinho dela. *Ah, sim, um buquê de gordura de porco sem notas de conservantes, uma nota persistente de fumaça no final. Humm... E também um toque de feno?* Então atirei a salsicha na boca de Gizelle.

Em seguida, Conner abriu uma garrafa de Cabernet. Ele serviu o vinho nas duas taças de plástico do hotel, tomou um gole, remexeu a bebida dentro da boca como se fizesse bochecho e assentiu, satisfeito.

— Devemos sair com Gizelle? — perguntou ele.

Vesti minhas roupas e ele me entregou a taça, me perturbando para eu adivinhar se o vinho era do Velho Mundo ou do Novo Mundo.

Abrimos a porta de correr de vidro que dava direto para a areia. As espumas brancas das ondas balançavam sobre a água negra. Não podíamos caminhar muito com Gizelle, então ficamos ali parados, admirando

UMA NEVASCA

a escuridão do mar enquanto ela farejava o vento salgado. Tudo estava se saindo como eu tinha imaginado. O vinho tinto e aromático (era do Velho Mundo), um pedacinho da lua surgindo atrás das nuvens, a areia e o mar, Gizelle, Conner, a noite fria de inverno. Deveria ter sido perfeito! Mas não houve beijo. Nem um friozinho na barriga. Nem dissemos um ao outro que nos amávamos. Falamos sobre vinho, sobre o diretor de RH do trabalho dele, sobre a minha chefe, e eu recolhi um cocô de Gizelle da areia. Depois voltamos para o quarto. Em poucos minutos, Conner estava roncando. A lingerie que eu tinha comprado continuou embrulhada no papel rosa. Gizelle se deitou enrolada em seu grande trono azul, junto do meu lado da cama. Fechei os olhos, mas não dormi. Algo em mim finalmente me fez ter um estalo, e eu desejei que estivesse sozinha. Desejei que estivéssemos apenas eu e Gizelle ali daquela vez.

Quando amanheceu, fomos de carro até Kennebunkport, uma cidadezinha litorânea, para conferir o prelúdio de Natal. Todo o centro da cidade estava transbordando de espírito natalino. Havia laços vermelhos presos nos postes nas ruas, carruagens decoradas com sinos e guirlandas penduradas em prédios de madeira pitorescos. Havia corais de Natal, uma bandinha tocando tambor e cães usando sapatos de duende.

Conner fez tudo certo. Enfrentou a fila da Dock Square Coffee House e trouxe surpresas para nós duas — uma xícara de chantilly para Gizelle e chocolate quente para mim. Ele segurou minha mão. Volta e meia ele colocava o iPhone na frente do rosto para tirar fotos de mim e de Gizelle juntas, nos dizendo para ficar diante da árvore de Natal decorada com boias coloridas, posar ao lado das cadeiras de praia e depois ao lado de uma guirlanda gigantesca.

— Gizelle, olhe para cá! Olhe para mim, Gizelle! — gritou ele, balançando a luva no ar.

Nos certificamos de que Gizelle passasse bastante tempo descansando, sentada na grama e observando as pessoas. Experimentamos o chili picante do concurso anual de chili, compramos mais salsicha para Gizelle e respondemos às perguntas de sempre das pessoas na rua sobre mastins.

MINHA VIDA COM UMA AMIGA DE QUATRO PATAS

É, ela dá muita despesa com comida.

Não, ninguém vai montar nela hoje.

Ah, sim, ela pesa mais do que eu. Obrigada por perguntar!

Foi quando alguém fez uma pergunta diferente, que eu não tinha ouvido muito até então.

— Por que sua cachorra está mancando?

Eu não sabia que agora era considerado educado apontar as deficiências dos outros na rua, mas eu não quis falar a verdade. Não queria encarar a verdade.

— Ela rompeu um ligamento. Mas vai passar. Ela está bem! — menti, embora soubesse que não devia fazer isso.

Dei palmadinhas na cabeça de Gizelle enquanto ela se apoiava em mim, me aquecendo com seu corpo grande e tigrado, e as pessoas se afastavam.

Continuei seguindo a lista de desejos de Gizelle. O próximo item era comprar um presente de Natal na Scalawags Pet Boutique, uma pet shop chique ali em Kennebunkport que vendia petiscos gourmet e roupas de marca para cachorros.

— O que você quer de Natal, Gizelle? — perguntei enquanto ela cheirava umas lagostas de pelúcia e chapéus em forma de lagosta para cães. Mostrei para ela um brinquedo de corda vermelho-vivo, também de lagosta, que parecia a escolha perfeita, mas ela não ficou muito interessada. Gizelle se virou e foi farejando até os fundos da loja, onde achou uma parede cheia de suéteres de Natal. Ela cheirou as roupas, se sentou e me olhou com os olhos tristes e pidões de "por favor, me dá um".

Ótimo, pensei. *Gizelle quer um suéter e eu aposto que aqui não tem uma seção plus-size.* Mas eu tinha subestimado a força do capitalismo, e logo Gizelle estava experimentando suéteres de todos os tipos: um rosa no qual estava escrito Kennebunkport, que ficou apertado no pescoço, um cinza com estampa de losangos que eu mesma usaria, e por último, o melhor de todos, um suéter de lã vermelha. Passei as patas dela pelas mangas com cuidado, uma a uma. Quando me afastei para tirar fotos dela vestindo o suéter, animadíssima porque além de caber nela combinava com seu brinquedo de corda vermelha e sua manta favorita, uma vendedora se aproximou e sorriu para Gizelle:

— Meu Deus, é um suéter de lá da Golden Paw? — Ela bateu palmas na frente do rosto com satisfação. — Você vai amar esse suéter, filhotona. Ficou lindo em você!

Então a vendedora se virou para mim e, com a voz baixa, como se estivesse me contando algum segredo, disse:

— É um ótimo suéter. Ela vai poder usar por vários anos.

Ela vai poder usar por vários anos. Olhei para Gizelle vestindo aquele suéter lindo, e meu coração se despedaçou ali mesmo, nos fundos da Scalawags Pet Boutique, ao lado de uma parede cheia de roupas para cachorro de todas as cores do arco-íris. Não, ela não ia poder usar o suéter por vários anos. Será que ainda ia usá-lo na semana seguinte? *Quanto tempo ainda resta, Gizelle? Me diga. Prometa que você vai me dizer, Ok?,* pensei, sabendo que, se ela pudesse, é claro que me diria. Paguei pelo suéter, meio sem saber explicar por que eu estava gastando quarenta dólares naquilo, e saímos lentamente pela porta.

Seguimos com nosso fim de semana. Fomos de carro até o supermercado, no qual arregacei as mangas e tirei três lagostas de um tanque, achando que, se eu comia lagosta, ia ser capaz de prepará-las sozinha. E que, se lagosta é o melhor prato para se oferecer a uma garota, então Gizelle também ia comer lagosta. (Certamente a lagosta fresca do Maine não seria considerada uma violação do contrato, certo?) Nos reunimos com amigos de Conner que moravam por lá e fizemos um banquete. Pus em Gizelle um arco de patas de lagosta e um babador branco de lagosta e bebi mais vinho chique. Quando nos sentamos à mesa, ouvi Conner e os amigos falarem sobre negócios e dinheiro, e desejei que falássemos sobre outro assunto ao menos durante o banquete, mas estava tudo bem. Gizelle se sentou aos meus pés e joguei para ela pedaços daquela carne branca e macia, que foram rapidamente devorados.

Depois do jantar, Gizelle e eu nos aconchegamos em seu sofá azul, e fiquei olhando a praia vazia pela janela, enquanto o céu cinza-fosco se transformava em um céu negro e sem lua de inverno. Olhei para Conner na cama e pensei em todas as coisas legais que ele fizera por mim e por Gizelle. Ele nos presenteava com guloseimas, nos levava para viajar, tinha organizado o jantar em que comemos lagosta, além de muitos outros jantares, fazia surpresa me acordando com o café da manhã na cama, me ajudou a me organizar com meu primeiro salário, levava Gizelle para passear, cuidava dela e tinha arruinado o meu paladar, que agora não tolerava mais nenhum vinho barato. Mas ainda havia uma vozinha na minha cabeça que dizia que faltava algo naquele relacionamento, que todas as coisas que eu gostava em Conner vinham com alguma ressalva. E não importava quantos jantares ele pagasse nem quantas coisas certas fizesse, aquela vozinha que me dizia para terminar o namoro nunca iria desaparecer.

Era domingo, nossa última manhã no hotel. Acordei com o som da ESPN no iPhone de Conner. Deitei de bruços no meu lado da cama; Gizelle estava no sofá azul perto de mim. Toquei a cabeça dela suavemente. Ela abriu os olhos, pôs o focinho na beira da cama e o apoiou ali, então ficamos cara a cara. Senti seu hálito quente no meu rosto.

Virei a cabeça para encarar Conner. Ele estava encostado na cabeceira da cama, de óculos, examinando a tela do telefone em sua mão.

— Acho que vou levar Gizelle para dar uma volta na praia — falei, com a voz grogue de sono.

Ele levou um segundo para responder.

— Está muito frio — disse, com os olhos ainda no telefone. — Por que quer andar na praia nesse frio? — Ele virou a cabeça e olhou para mim. — Gizelle pode esperar.

Ele aproximou o nariz do meu rosto para beijar minha boca. Toquei a barriga dele delicadamente.

— Não, não, ela não pode esperar. Já perdemos o amanhecer com ela. É a nossa última manhã aqui.

— Gizelle está *muuuuuito* bem no sofá — Conner afirmou, confiante, abaixando o celular, deslizando a mão pelo meu peito para desamarrar o roupão impecavelmente branco.

UMA NEVASCA

Voltei os olhos para Gizelle; ela estava nos observando. Na verdade o que eu precisava era que ela me levasse para dar uma volta. Eu precisava de ar. Pus as mãos nas bochechas de Conner e trouxe sua cabeça para perto do meu rosto.

— Só vou sair por um minutinho — prometi, incapaz de dizer para ele que na verdade eu queria *ir embora*. Eu mal conseguia admitir para mim mesma que queria ir embora. Tudo o que eu queria era sair daquele quarto por dez minutos para ficar com Gizelle.

Deslizei para sair debaixo dele e rolei para fora da cama. Gizelle levantou a cabeça quando sentiu que eu estava me mexendo, e seus olhos me seguiram pelo quarto enquanto eu pegava minhas roupas, com pressa para aproveitar a manhã. Tropecei nas tigelas de Gizelle dentro do banheiro e molhei meus pés. Vesti um par de leggings e a primeira camiseta que encontrei, sem nem pôr o sutiã, e agarrei o casaco de inverno que eu tinha jogado sem nenhum cuidado no chão. Peguei meu gorro cinza de tricô, amarrei as botas de qualquer jeito e levei Gizelle como ela veio ao mundo, deixando a coleira e a guia para trás. Nem parei para vesti-la com o suéter novo!

— Vamos, Gizelle. Vem, garota. — Agarrei algumas dobras do pescoço dela e ajudei-a a sair do sofá. Abri a porta de vidro pesada e atravessamos as grossas e compridas cortinas azuis para ir até a praia.

O ar frio me atingiu como um soco. O vento passava direto pelo gorro e pelo casaco, deixando minha pele arrepiada. A maré havia baixado, então a faixa de areia estava larga. Tudo que eu queria era correr até a água, girando, pulando e dançando à beira-mar, com Gizelle chutando as ondas ao meu lado, saltitando pelo ar, com o mar aos nossos pés. Tudo que eu queria era correr com Gizelle, mas ela mal conseguia andar. O tumor estava do tamanho de um punho, e a sensação era de que nós duas estávamos acorrentadas, restritas a poucos movimentos e distâncias curtas. Nunca mais correríamos juntas novamente. Olhei para a longa orla da praia vazia e depois para a areia molhada sob meus pés. Não havia mais nada a fazer a não ser sentar.

Então sentei na areia fria, botei as mãos no rosto e chorei.

Eu vinha alimentando aquela ideia da lista de desejos em uma tentativa de ser forte, de escolher a felicidade e valorizar a vida com Gizelle, mas a realidade estava me alcançando. Eu não podia mais fugir do câncer dela — assim como não podia fugir do frio, nem do meu relacionamento. Fechei as mãos e as enfiei no casaco para tentar me aquecer. Minhas bochechas estavam geladas, meus pés estavam gelados, até meus dentes estavam gelados. Que merda eu estava fazendo sozinha ali, naquela praia vazia e congelante? E como é que eu tinha ido parar no Maine? Olhei para Gizelle. Eu estava prestes a me levantar e voltar para o quarto quando Gizelle se aproximou, mancando, depois de inspecionar uma pedra a poucos passos de distância.

Ela lambeu minhas bochechas molhadas e em seguida se virou e veio para o meu colo e sentou em cima de mim. Ela era minha protetora, minha confidente, meu maior fardo e meu maior orgulho, e naquele momento também era quem me aquecia. Sentada no frio, naquela praia do Maine, com minha mastim gigantesca no colo, eu não tinha muita certeza de como havia saído do Tennessee e ido parar em Nova York, e também não tinha certeza de como eu havia chegado ali, em Wells Beach, em dezembro, com Gizelle. Eu ainda não sabia o que queria ser ou fazer, quem eu era ou para onde ia, mas eu sentia que, o que quer que fosse, não estava mais naquele quarto de hotel. Eu tinha levado Conner para lá porque não queria me sentir só, mas acabei em uma praia vazia e fria, imaginando se não estava mais solitária do que estaria se tivesse ido sozinha.

Passei os braços ao redor de Gizelle e entrelacei meus dedos na frente do peito dela. Eu sentia seu coração batendo na palma das minhas mãos. Ela era enorme e macia, quente e reconfortante. Chorei afundando o rosto na pelagem tigrada de suas costas.

— Eu te amo, Gizelle. — Talvez essa fosse a única certeza que eu tinha naquele dia.

Enquanto estava sentada com ela, chorando, olhei para cima. Tinha começado a nevar. A neve caía nos pelos de Gizelle e derretia ao lado de um trecho nas costas que estava molhado graças às minhas lágrimas. Delicados cristais de gelo se destacavam em seus cílios longos e escuros. Eles caíam sobre o focinho preto, ao lado de seus pelinhos acinzentados. Rebecca tinha razão. Ver a neve cair na praia durante o inverno era uma das coisas mais bonitas do mundo. Abri um sorriso e balancei a cabeça, enxugando os olhos com a manga do casaco. Foi então que percebi que eu sempre quis levar Gizelle em uma aventura, mas talvez ela é que estivesse me levando em uma.

Gizelle me manteve no frio por tempo suficiente para que eu assistisse à neve, e quase senti como se ela estivesse me dizendo algo. "Veja bem, Lauren, eu a trouxe aqui para tirá-la daquele quarto e sentir como é a solidão de verdade nesta grande praia vazia. Vou sentar no seu colo agora e estarei aqui para o que precisar, mas logo você vai ver que é capaz de aguentar. Logo eu não vou estar por perto, mas você vai ficar bem, mesmo sozinha. Você vai ficar bem. A dor não vai durar para sempre. Nada dura por muito tempo."

Acho que quando trazemos um cachorro para a nossa vida estamos nos preparando para sofrer, não é mesmo? É óbvio, é bem provável que você tenha que se despedir dele e esse vai ser o dia mais triste de todos os tempos, mas vale a pena, não é? Ter um cachorro. Aprender com o amor incondicional deles. Naquela manhã, fiquei pensando se relacionamentos românticos também eram assim. Talvez Conner tivesse me ajudado a crescer e sido meu companheiro quando eu precisava dele, mas talvez não precisasse durar para sempre. Não significa que tenha sido perda de tempo. Talvez nenhum relacionamento seja; talvez todos os relacionamentos nos ajudem a dar mais um passo na direção certa. E, quando pensei no amor que eu sentia pela minha filhotona tigrada naquele dia na praia, percebi que, se era amor que eu desejava, se a minha lista de desejos de fato incluía "Me apaixonar", talvez eu finalmente precisasse deixar Conner para conseguir fazer isso.

Dezesseis

Deixar ir

lgum tempo se passou. Era a primeira semana de janeiro. Apagamos as luzes da cozinha, acendemos velas pela sala e tiramos a porcelana chique do armário. Fiz uma última visita ao açougue. Depois, parei na loja de vinhos, na qual vasculhei entre os rótulos das garrafas, esbanjei comprando uma garrafa de Barbera 2008 e me peguei pensando em como Conner, meu ex, ficaria orgulhoso.

Conner e eu terminamos depois da viagem a Wells Beach, mas levamos meses para realmente cortar os laços por completo. Tentamos ser "apenas amigos", mas sempre acabávamos dormindo juntos. Até que finalmente percebemos que, se de fato quiséssemos seguir em frente, teríamos que parar de nos ver. Ele me perguntou certa vez se eu consideraria voltar com ele, se um dia eu mudaria de ideia, e eu quis dizer que sim, desesperadamente, pois sabia que se a resposta fosse não ele desapareceria para sempre. Mas quando me lembrei daquela manhã fria na praia com Gizelle, em que mesmo me sentindo solitária, assustada e cheia de dúvidas eu consegui enxergar as coisas com muita nitidez naquele inverno congelante, eu soube a resposta. Sabia no fundo que não éramos e nunca seríamos certos um para o outro. Não tinha por que adiar mais, não importava o quanto fosse difícil. Eu precisava ter coragem. Então respondi que não, e ele seguiu em frente.

Sobre a pequena mesa de jantar de madeira, pus um prato para Gizelle ao lado do meu, entre Caitlin e John. John grelhou os bifes.

MINHA VIDA COM UMA AMIGA DE QUATRO PATAS

— "Fazer um jantar chique" — escrevi na lista de desejos. Foi a única coisa em que consegui pensar na última noite de Gizelle.

Tínhamos aprendido a lição na primeira vez que esse item figurou na lista de desejos, e eu não estava disposta a dar a Gizelle outro bife de meio quilo para comer em uma abocanhada só. Então pus um prato na mesa. Gizelle estava deitada no chão junto dos meus pés. Ela não quis se sentar e apoiar o focinho na mesa para cheirar a comida como fazia antes, nem me seguiu até a sala de estar, nem quis ficar de pé diante da tigela para beber água. Ela ficou ali com a barriga apoiada no chão. Tinha chegado a hora. Nós nos sentamos à mesa de jantar e fizemos um brinde a Gizelle. Cortei o filé dela em pedaços menores. E dei os pedacinhos de bife para ela, um a um, com o garfo. Levei cada pedaço até sua boca, e ela abriu-a devagar em torno do garfo, puxou a carne com seus dentes brancos, mastigou e engoliu. Boa menina.

Dei o jantar para ela lentamente, não querendo que terminasse, mas logo olhei para o meu prato e não havia mais nada. De barriga cheia e satisfeita até onde era possível me sentir na última noite de Gizelle, peguei o prato e o pus no chão ao lado dela para que ela pudesse fazer as vezes da lava-louça. Caitlin e John fizeram o mesmo. Nós nos recostamos em nossas cadeiras e ficamos ali em silêncio, ouvindo-a limpar nossos pratos com a língua.

Então foi a nossa vez de lavar a louça. Um a um, nos levantamos do nosso torpor pós-refeição, recolhemos os pratos do chão e ficamos passando a esponja e secando, como em uma linha de produção, enquanto Gizelle voltou a se esparramar de lado, atravessada no meio da cozinha, bloqueando nossa passagem. Nenhum de nós se incomodou. Deixei que ela tomasse um pouquinho mais de sorvete no pote e chegou a hora de ir dormir. *Por favor, não quero ir dormir*, pensei, sabendo que aquela noite não era só o fim de mais um dia normal. Era o fim de tudo.

Caitlin e John empilharam os colchonetes no chão do escritório, e os cobrimos com todos os cobertores e travesseiros que conseguimos encontrar. Subi naquela cama improvisada.

DEIXAR IR

— Venha, Gizelle, venha!

Ela entrou mancando no quarto, e suas patas fizeram:

toc

toc

toc

toc

no piso de madeira, uma de cada vez, até alcançar a cama e se jogar nela. Seu andar nem de longe lembrava aquele trote de antes. Cada passo parecia exigir de Gizelle um esforço concentrado. Parecia doer. E eu não queria vê-la sentindo dor.

Deitei o rosto de lado no travesseiro e passei a mão em círculos sobre o lençol, na frente do meu rosto.

— Venha para cá, menina.

Gizelle se aproximou rastejando e se aconchegou junto a mim, seu focinho tocando meu nariz, de modo que eu sentia sua respiração me aquecendo. Afundei o rosto em seu peito. Eu amava o cheiro de Gizelle. Até mesmo o hálito dela era estranhamente reconfortante. Me lembrei de seu hálito quando ela era filhote — um cheiro de leite doce e quente — e de todos os outros cheiros que descobrimos juntas: o perfume Daisy, da Marc Jacobs, pairando entre as garotas do alojamento na Universidade do Tennessee, o ar recendendo a gordura que saía do 99 Cent Express Pizza, o cheiro de urina no Tompkins Square Dog Run, o vento fresco no alto do morro em Sugar Hill. De todos os odores que agora conhecíamos muito bem, o hálito dela era aquele que eu desejava poder guardar em uma garrafa.

— Boa noite, meninas — arriscou Caitlin, sua cabeça surgindo na porta. Virei de costas para Gizelle e encarei Caitlin com os olhos úmidos. Ela parou na porta e inclinou a cabeça, me fitando com um olhar compadecido.

— Se Gizelle vivesse na natureza, provavelmente já teria partido. Teria se afastado e adormecido em algum lugar, não é?

Concordei lentamente com a cabeça, incapaz de suportar aquela ideia.

MINHA VIDA COM UMA AMIGA DE QUATRO PATAS

— Está na hora — afirmou Caitlin. Assim como Rebecca, ela falava devagar, com tanta tranquilidade e convicção que fazia parecer que tudo ia ficar bem.

— É a coisa certa a fazer. Não se preocupe, Lauren. — E ela se aproximou para acariciar Gizelle. — Você é a melhor cachorra do mundo, GG. Em seguida, desligou a luz e fechou a porta.

Liguei o pequeno abajur ao nosso lado, tirei da mochila preta o meu diário, deitei de bruços e, como sempre, usei a lateral de Gizelle como apoio.

6 de janeiro de 2015

Gizelle não sabe que vai morrer amanhã, mas acho que a maioria de nós não sabe, não é? Eu não quero perdê-la.

Gizelle me ensinou a tentar ser tão boa quanto ela acha que eu sou. Me ensinou a não pensar somente em mim mesma. Ela me trouxe para o Maine, me ajudou a ver o mar e o litoral, e a sorrir, rir e explorar. Me fez lembrar que sou uma aventureira, mas eu quero continuar me aventurando com ela. Não quero dizer adeus.

Me levantei para sentar de pernas cruzadas e fiquei olhando Gizelle respirar — inspirações e expirações ruidosas que me lembravam aquela respiração profunda e purificadora dos praticantes de ioga. Toda vez que eu piscava, mais lágrimas corriam dos meus olhos. Alisei as costas dela, só com as pontas dos dedos, como minha mãe costumava fazer comigo, com ternura em cada toque.

Beijei as pontas dos meus quatro dedos e pus a mão na pata manca dela.

— Eu sei que ele está aí, eu sei — falei para ela. — Você vai se sentir melhor em breve — sussurrei, fungando.

Todo aquele tempo eu vinha esperando que ela acreditasse que eu sabia que havia um câncer ali e estava fazendo o meu melhor para resolver o problema, que talvez eu não fosse sempre perfeita, mas me esforçava ao máximo e a amava mais do que tudo. Baixei a cabeça para junto do

DEIXAR IR

focinho dela, segurei sua pata e me envolvi com ela, e me aconcheguei em seu peito grande e quentinho até que ela levantou a cabeça e a apoiou sobre a minha, como eu sabia que ela faria, como sempre fizera e teria continuado a fazer por toda a eternidade. Nós caímos no sono.

Meu despertador tocou às seis da manhã. Nem levantei a cabeça do travesseiro para desligá-lo; só passei o dedo na tela do celular para fazê-lo se calar. Eu tinha um plano para a última manhã de Gizelle, pois queria que fosse especial. Ver o amanhecer na praia — janeiro no Maine. Em seguida sairíamos para uma pequena aventura de carro. Uma corrida para comprar café/bagels, meio como mamãe e eu fazíamos antigamente, e depois nos sentaríamos na praia uma última vez e observaríamos o céu negro ganhar um tom lilás acinzentado de inverno. Assistiríamos à lua desaparecendo com a chegada da manhã. Nossa última noite se encerraria como um espetáculo diante dos nossos olhos.

Mas a ideia de me soltar das patas de Gizelle, de tirá-la de seu sono tranquilo, não parecia nada divertida. Além disso, o mundo parecia estar acabando lá fora. O vento frio do Maine uivava ao passar entre árvores, e galhos agitados arranhavam o telhado. O que íamos fazer? Ficar tremendo em uma praia escura... De novo? Será que ia ser *tão* mágico assim? Já não tínhamos feito isso?

Gizelle estava roncando, roncos absurdos e cacarejantes, suas papadas espalhadas pelo meu travesseiro.

— Gizelle, oi, Gizeeeeeelllllle. Quer ir ver o amanhecer? — sussurrei, tocando seus bigodes com o indicador. Ela abriu um olho, deixando o outro esmagado contra o travesseiro, e soltou mais um ronco alto e longo seguido por um olhar que parecia dizer: "Está de sacanagem, Lauren? Nós fomos à praia *ontem*. Você também me levou para o nosso píer atrás do Frisbee *ontem*. E está *um gelo* lá fora." Então pensei em outro item da lista de Gizelle, que já estava em curso: "Abraçar." Desliguei o despertador, me envolvi em suas patas, aninhei a cabeça sob a dela para ficar o mais perto possível de seu hálito quente e voltamos a dormir, sem nem um pingo de culpa. Cochilamos até as 10h30, quando o cheiro do café me acordou.

MINHA VIDA COM UMA AMIGA DE QUATRO PATAS

Me arrastei até a cozinha, com o cabelo bagunçado de quem acabou de acordar, e encontrei Caitlin e John bebendo smoothies verdes em lindos copos azuis. Eles me deram um copo, para me reconfortar. Tomei um golinho, mas estava sem fome. Então fui pegar carne para Gizelle. Eu tinha comprado uma última linguiça no açougue. Botei a frigideira de ferro fundido no fogo e logo a linguiça começou a chiar. Servi a linguiça em um prato com desenhos de hortênsias azuis. E fiquei parada com a frigideira vazia na mão, pensando no que mais poderia cozinhar ali. O que mais eu poderia fazer para Gizelle antes de ela nos deixar?

Caitlin e John haviam organizado seus horários de trabalho para que pudéssemos ir ao veterinário juntos. Tínhamos planejado levar Gizelle logo pela manhã, mas depois pensamos melhor.

— Não é melhor esperar para ir à tarde e tentar aproveitar a manhã com GG? — sugeriu John. — Não quero fazer nada com pressa.

Olhamos para Gizelle deitada no chão e paramos por um momento, como se estivéssemos dando tempo para ela se manifestar. Decidi não responder por ela naquela manhã. Em vez disso, fiquei sentada e repassei a lista de desejos de Gizelle na cabeça, pensando em todas as coisas que Gizelle e eu tínhamos conseguido fazer em sua bela e curta vida.

Sobrevivemos à faculdade
Nos mudamos para a Times Square
Nos mudamos para o East Village
Comemos pizza em Nova York
Grelhamos um filé
Fizemos um banquete com lagosta
Passeamos em uma canoa
Tomamos sorvete em um píer
Fizemos festas do pijama
Ficamos abraçadas
Dançamos em telhados
Exploramos o Central Park

DEIXAR IR

Fomos o Número 67 numa lista do Buzzfeed
Escolhemos uma abóbora
Corremos
Viajamos de carro
Vimos as ondas na praia
Ficamos sentadas sob a neve

Eu tinha a lista na minha cabeça, feliz por ter anotado tudo e poder pensar sobre a vida de uma maneira tão simples. Talvez ela não precisasse ser tão complicada, afinal. Talvez pudesse ser apenas uma lista de aventuras simples e especiais. Mas eu ainda não me sentia pronta para encerrar a lista de Gizelle.

— O que acha, Gizelle? — perguntei em uma voz fina, um pouco trêmula, enquanto as bochechas dela continuaram coladas no chão e ela ergueu apenas os olhos, para me encarar.

— Quer sair, Gizelle? Vamos lá fora.

Caitlin e eu a ajudamos a se levantar do chão, e John seguiu nosso movimento, segurando a parte traseira dela pelo único degrau até o quintalzinho que havia se transformado em pista de patinação no gelo. Gizelle se esforçou para ficar agachada no gelo.

— Se sente melhor, moça? Que bom, Gizelle! Boa menina! — falei, tentando não demonstrar tristeza, enquanto ela conseguia ficar de pé. Ela abanou o rabo de leve e ofegou.

— Boa garota! — acrescentou John.

— Boa, Gizelle! — dissemos juntos, encorajando-a como se fosse um bebezinho. Nossas vozes ficaram mais finas e nossas respirações romperam o frio. Uma lágrima escorreu pelo meu rosto, mas continuamos falando para Gizelle que ela era ótima e que a amávamos muito. Não sabíamos mais o que fazer naquele momento. Estávamos tão tristes, mas ao mesmo tempo só queríamos ficar no quintal com ela uma última vez. Não pretendíamos agitá-la. Não estávamos pensando que podia estar escondendo seu sofrimento. Gizelle abanou o rabo de um lado para o outro no gelo.

MINHA VIDA COM UMA AMIGA DE QUATRO PATAS

Aplaudi e falei que ela era uma ótima cachorra. Gizelle deu um último salto grande e empolgado e então:

CAIN! CAIN! CAIN! CAIN!

Sua perna saudável cedeu e ela desabou sobre o gelo. Corremos na direção dela aterrorizados, e seu corpo inteiro começou a estremecer violentamente enquanto a ajudávamos a se levantar. Ela se sacudiu. Então ela abaixou a cabeça, constrangida, provavelmente com vergonha por não mais conseguir ser o que queria — companheira nas brincadeiras, protetora, companheira de corrida, confidente, amiga. John e eu também abaixamos a cabeça com vergonha — devíamos saber que ali não era seguro. Quando John começou a chorar, eu estava me sentindo muito triste, mas eu também sabia como tinha sorte por ele ter entrado em nossas vidas. Eu sabia como ele amava Gizelle, como chegava do trabalho todos os dias para vê-la. Eu era tão grata por tê-lo como padrinho de Gizelle, como o outro pai dela. Eu sabia que eles tinham um vínculo especial também.

— Tudo bem, garota, tudo bem — sussurrei, massageando as orelhas dela enquanto lágrimas silenciosas escorriam pelo meu rosto. Era isso. Era hora de ir ao veterinário. Eu tinha dado a ela todas as proteínas, passeios de carro, viagens à praia e abraços possíveis. Se a lista de desejos fosse minha, eu continuaria escrevendo cada vez mais e mais aventuras com Gizelle! Eu *preciso* de Gizelle! Mas se a lista fosse de Gizelle (e eu acho que era), ela provavelmente diria: "Tudo bem, foi uma grande aventura! Obrigada! Eu te amo! Agora me deixe ir, Lauren! Deixe tudo ir, Lauren."

Deixe-a ir.

Era a única coisa que restava fazer.

A não ser todas as outras pequenas coisas que restava fazer. Ligamos o aquecedor do carro. Guardamos a tigela de Gizelle para que não precisássemos vê-la ao voltar. Limpei a montanha de cobertores para que a quantidade de tristes pelos espalhados fosse a mínima possível. Guardei os remédios e os petiscos dela e limpei as marcas de focinho dos armários. Cada hora era um de nós que chorava. Ficou evidente que Gizelle não tinha influenciado somente a minha vida, mas a deles também. Era

DEIXAR IR

uma prova do tipo de pessoa que eles eram, dois dos mais bondosos seres humanos que eu já conheci. Não é qualquer um que se oferece para tomar conta de um cão gigantesco com uma doença terminal. A vida de Gizelle vinha com um cronômetro imprevisível e uma farmácia que precisava ser reabastecida a cada duas semanas, com comprimidos que tinham que ser perfeitamente lambuzados em manteiga de amendoim para que a paciente os engolisse. Caitlin e John se ofereceram para ajudar. Eles foram os melhores padrinhos que a jovem mãe de uma cachorra poderia ter pedido, e eu fiz uma prece de gratidão por eles enquanto tentava chegar ao carro sem desabar.

Ergui o traseiro de Gizelle para colocá-la no banco de trás do veículo, abrindo meus pés na largura dos ombros, contraindo os músculos abdominais e dobrando os joelhos e quadris em uma posição de agachamento ao levantá-la. *Três, dois, um!* Era a última vez. Sempre que fazia isso, eu tinha medo que a soltássemos antes de chegar ao assento, mas isso nunca aconteceu. Botá-la no banco de trás sempre me fez sentir forte, maternal. Sentei no banco com ela. Gizelle se acomodou e aconchegou a cabeça no meu colo. Meu lábio inferior tremeu. Quando Caitlin deu a partida no carro na Pleasant Street e seguimos para o consultório do veterinário, eu compreendi o significado da expressão "coração partido". Meu coração doía terrivelmente; parecia que alguém havia amarrado uma faixa nele e puxava com força. Foi a pior sensação que eu já tive. Meu peito desmoronou sobre a cabeça de Gizelle. Fechei os olhos bem apertado.

Dezessete

Corra

Quando chegamos ao veterinário, o sol estava extremamente forte, ofuscando meus olhos como os holofotes de um estádio.

— Está certo, Gizelle. Pode ir ao banheiro! — falei e funguei, arrastando os pés no gramado da frente, respirando em minhas mãos para tentar me aquecer. Nunca na minha vida eu tinha desejado tanto permanecer do lado de fora no frio.

Entrar significava que tudo ia acabar, que já tinha acabado. Entrar significava que não haveria mais Lauren e Gizelle. Haveria apenas Lauren. Eu adorava ser Lauren e Gizelle. Não queria ser *apenas* Lauren. Uma grande parte de mim nem sabia quem era essa Lauren. Gizelle caminhou até as portas. Elas nos atraíam como uma correnteza ardilosa. De repente, eu estava lá dentro — e nem me lembrava de ter entrado.

— Estou aqui com Gizelle... Tenho que... Nós temos que... Está... Está na hora...

Engasguei com as palavras. Meu choro parecia um soluço agora, pequenos gemidos curtos. Um homem de uniforme azul me entregou uma caixa de lenços de papel e não fez perguntas, só balançou a cabeça em solidariedade.

— Sinto muito, querida. Olá, Gizelle. Me siga — disse ele em voz baixa, nos levando a uma sala mal iluminada com um grande aparelho de som preto e um sofá cinza macio. Gizelle veio mancando lentamente atrás de nós.

MINHA VIDA COM UMA AMIGA DE QUATRO PATAS

Era a simulação de sala de estar mais triste de todos os tempos. Fiquei imaginando quantos corações tinham sido despedaçados naquela sala. Havia uma cortina na porta para nos dar privacidade e cobertores grossos no chão para minha filhotona. Porém, Gizelle, estranhamente determinada, mancou até o canto da sala para se deitar e ficou observando a porta. Me perguntei se ela já estava prestes a partir, se estava tentando adiantar as coisas. Levei um osso para ela poder desfrutar um pouco. Gizelle olhou para o osso, mas não o mastigou. Ele ficou parado ali como um acessório, um objeto cenográfico, ao lado dela. Gizelle quase parecia distinta demais para se rebaixar e roer um osso; ela estava acima dos cães, acima das pessoas, na verdade. Só ficou parada ali, com a cabeça erguida e os olhos vidrados na porta. Então a chamei para ficar sobre os cobertores.

Nós três nos amontoamos em volta dela. Meu rosto estava sujo de lágrimas e coriza. Olhei para o aparelho de som, sentindo-me culpada por não ter trazido a música dela para ouvirmos, a versão de Whitney Houston de "I'm Every Woman" ou "For Once in My Life", de Stevie Wonder. Fiquei imaginando quais outras música ou ruídos haviam tocado naquele som, naquela sala de estar de mentira. De todo modo, o silêncio me pareceu correto. Sentei e segurei a pata de Gizelle, massageando-a suavemente com o polegar.

— Tudo bem, menina. Tudo bem, menina — repeti, sem saber ao certo com quem eu falava: comigo mesma ou com a minha cachorra.

Então os veterinários deram início ao que só posso descrever como uma encenação muito bem pensada e ensaiada. Começaram a entrar e sair da sala com uma série de perguntas e explicações cuidadosamente coreografadas, sempre soando honestos, porém muito calmos. Dava para ver que haviam feito aquilo centenas de vezes, e isso era reconfortante. Eles pareciam começar e terminar todas as frases com "Eu sinto muito", algo que eu não me cansava de ouvir. Eu também sentia muito.

Perguntaram se queríamos dar um sedativo a Gizelle para que ela adormecesse — não era morte ainda, só sedação mesmo —, pois assim não teríamos que nos preocupar com a possibilidade de ela ficar nervosa e se esconder em um canto quando chegassem com "a seringa".

— Eu sinto muito.

Havia algumas decisões que eu não estava preparada para tomar: o que fazer com o corpo de Gizelle, que tipo de urna eu preferia, eu queria uma cremação individual, que era mais cara, ou aceitava uma cremação coletiva?

— Eu sinto muito.

Mas não pude responder às perguntas. Tudo que eu conseguia pensar era em aproveitar ao máximo aqueles últimos minutos com ela. Então me deixaram só marcar em um campo no papel que dizia que me ligariam dentro de poucos dias para tratar daquilo.

— Eu sinto muito.

Sentei no chão ao lado de Gizelle, acariciei suas orelhas e fiquei admirando toda a sua beleza, maravilhada. Mesmo no fim terrivelmente triste de sua vida, já debilitada pela dor, ela ainda era a minha gigante gentil, corajosa, magnífica, curvilínea, com suas bochechas enormes e ossos grandes — meu Tiranossauro, Beowulf, Monstro, Jamanta, Fera, Urso, Gorila, Tigre, Puta merda, AHHHHH!!!, King Kong, Cujo, GAROTA, VOCÊ É MALUCA. Minha linda tigrada, filha de Dozer. Aquela que já se assustou com o barulho de papel de presente, mas que depois foi corajosa para ir morar em Nova York. Minha terapeuta, minha melhor amiga, minha confidente e a nobre guardiã de todos os segredos que eu pudesse ter dos 19 aos 25 anos, então que bom que ela era tão grande! Eu sei que voltarei a amar, mas nunca vou amar nada como amei minha filhotona de 75kg.

A veterinária aplicou o sedativo e envolveu a pata de Gizelle com uma atadura rosa-shocking. Não pude evitar sentir certa satisfação com a cor.

— Ainda não é a hora — prometeu ela. — Gizelle vai cair num soninho gostoso agora. Só vou esperar ela pegar no sono e então farei o resto. Eu sinto muito, pessoal.

Concordei só com a cabeça, *tudo bem*. Uma das minhas mãos ficou apoiada no chão ao lado da pata de Gizelle, e a outra estava sobre a cabeça dela, acariciando-a suavemente. Assisti enquanto ela ficava muito sonolen-

MINHA VIDA COM UMA AMIGA DE QUATRO PATAS

ta. Sua respiração começou a ficar mais lenta e todo o seu corpo parecia mais pesado, se é que isso era possível, como se ela estivesse afundando no chão. Suas pálpebras começaram a tremer de leve. Quando achei que ela cairia no sono e nunca mais voltaria a se mexer, ela repousou aquela cabeça enorme sobre a palma da minha mão, e assim ficou — uma parte dela sempre tinha que tocar alguma parte de mim. Eu desmoronei. Meus olhos marejados viraram lágrimas e eu chorei. Eu estava segurando sua cabeça inteira, grande e pesada, em uma das mãos, o peso dela pressionando as pontas dos meus dedos.

"Tudo bem, Lauren. Está tudo bem", aposto que ela diria. Dava para sentir a respiração dela umedecendo minha mão. Sua respiração foi ficando mais lenta até eu sentir apenas uma leve onda de ar quente na ponta dos dedos, indo, mas depois voltando, mais uma vez, como o mar batendo na praia.

A veterinária pegou a seringa.

— Ela não vai sentir nenhuma dor. Mas antes de começar preciso alertá-los: não temos como saber o que pode acontecer quando ela se for. Os intestinos dela podem se mexer, ela pode urinar ou pode tremer um pouco. Mas não vai sentir dor. Vou inserir a agulha e em mais ou menos doze segundos o coração dela vai parar. Eu sinto muito. Vai dar tudo certo. Está bem?

Fiz que sim, meu rosto contorcido de tristeza. A cabeça de Gizelle continuava apoiada na minha mão. Era difícil acreditar que um dia eu concordaria em parar o sensível coração de Gizelle. Não, não estava bem.

A veterinária inseriu a agulha com uma das mãos e com a outra segurou o estetoscópio no peito de Gizelle, acompanhando seu batimento cardíaco. Eu queria imaginar o batimento cardíaco de um mastim como um tambor profundo e imponente. Parte de mim quis ouvir o que a veterinária estava escutando. O som de um coração parando, o som da nossa aventura chegando ao fim. Aqueles doze segundos pareceram uma eternidade. Toda a minha vida adulta passou diante dos meus olhos, em uma sequência de imagens. O jornal aberto sobre o volante no carro da minha mãe, tempos mais felizes ao lado dela, quando saímos escondidas para comprar uma filhotinha gigante. A trave de futebol, com Gordinha presa nela, voando pelo campo. Nosso primeiro apartamento em Manhattan e seu piso inclinado. Cocôs quentinhos na Times Square. "Splish Splash I Was Takin' a Bath" na varanda nos fundos do Rio. O desfile na passarela do Tompkins Square Park. Degustações de vinho com Conner. Dancinhas. Abraços. Viagens de carro. Corridas.

Fiquei observando o líquido daquela seringa minúscula penetrar no gigantesco corpo da minha cachorra, e enquanto ele entrava e a vida dela se esvaía, Gizelle levava embora um pouco daquela Lauren de 25 anos. O ar quente que saía do focinho dela diminuiu, e sua cabeça ficou mais pesada, sem vida, frágil na minha mão. Seu peso empurrou meus dedos até o chão. E então parou. O coração dela parou.

A sala ficou em silêncio.

— Certo, acabou. Podem ficar o tempo que precisarem — sussurrou a veterinária, apertando os lábios.

Ela guardou o estetoscópio no bolso lentamente, abaixou a cabeça e pôs a mão em Gizelle uma última vez. Tirei a mão debaixo da cabeça de Gizelle com cuidado. Era difícil acreditar em como de uma hora para a outra a sala pareceu vazia. Em um segundo a cabeça dela estava viva, respirando, na minha mão, e no segundo seguinte não estava mais. E a despedida, o grande fim de sua existência, foi tão forte e significativo, foi como se ela tivesse saído de lá em um redemoinho, tal qual um Diabo da Tasmânia, lançando-se para fora da falsa sala de estar e cruzando o consultório, correndo descontroladamente até a saída e seguindo para a próxima aventura. A partida do espírito dela foi tão forte que, ao olhar de volta para seu enorme corpo físico no chão, eu soube que Gizelle não estava mais nele. *Para onde ela foi?*, me perguntei. Era como quando a gente não lembra onde deixou algo que estava segurando logo antes, mas sabemos que está por perto, em algum lugar. A gente sabe que a coisa não desapareceu do nada. Gizelle não se transformou num nada. Eu a senti correr para longe; senti de verdade.

MINHA VIDA COM UMA AMIGA DE QUATRO PATAS

— Por favor, fique o tempo que precisar — repetiu a veterinária ao parar junto à porta. Ela nem precisou dizer que sentia muito dessa vez. Eu queria sair da sala. Gizelle não estava mais ali. Então rapidamente me levantei e saí, as lágrimas voltando a escorrer pelo meu rosto. Enquanto a porta se fechava atrás de mim, me virei e dei uma última olhada em seu corpo enorme, agora vazio.

Eu não tinha planejado nada para a tarde. Meu ônibus de volta a Manhattan partiria em quatro horas. Era difícil ficar dentro da casa, pois só fazia eu me lembrar de Gizelle. Caitlin e John uma hora tiveram que ir para o trabalho. John estava tão arrasado que disse que precisava de algo que o mantivesse ocupado. Caitlin me levou para tomar um café no Lil's. Ficamos sentadas junto à janela em silêncio, tentando processar o que havia acontecido.

Depois ela também teve que ir trabalhar, e eu fiquei sozinha. Tentei dar uma volta pelo centro de Portsmouth, mas o vento gelado estava tão forte que meu rosto parecia estar levando choques. Comecei a atravessar a ponte do Memorial da Primeira Guerra Mundial, que liga Kittery a Portsmouth, e depois de andar mais ou menos um terço da ponte percebi que não ia conseguir. Não queria ficar perto de outras pessoas, nem de mim mesma para falar a verdade, então dei meia-volta. Eu precisava estar na presença de algo maior que eu, maior que a minha dor. Então fui de carro para New Castle, em New Hampshire, para encontrar o mar.

Eu já havia dirigido nessa estrada com Gizelle algumas vezes antes. Quando cheguei, vi um farol preto e branco à minha esquerda e outro farol, marrom e em ruínas, dentro da água, bem à minha frente. O céu estava azul, da cor do Gênio de *Aladdin*. Subi em algumas pedras acima da praia. Quase não havia ondas, apenas uma leve marola, e não havia nenhum barco ou pássaro à vista. Tudo estava parado. É de se imaginar que a essa altura eu teria parado de chorar, que talvez eu tivesse me acalmado um pouco. Mas ah, não, não, não.

196

Eu urrava diante do mar. Um choro alto. Um grito que lembrava a minha respiração quando eu acabava de correr, subindo e descendo arquibancadas, e não conseguia recuperar o fôlego. Fechei os olhos com força. Os ventos abaixo de zero batiam no meu rosto e eu me perguntava como ainda podia ter mais lágrimas para chorar. Fiquei de olhos fechados, e não respirei por um tempo. Apertei os braços em volta do meu corpo. Eram muitas emoções ao mesmo tempo: dor e raiva, tristeza e confusão. Foi quando tive uma sensação que não consigo descrever de outra maneira: quando fechei os olhos, pude ver Gizelle de verdade, como se ela estivesse na minha frente, correndo. Ela corria o mais rápido que conseguia, mais rápido do que eu jamais a vira correr. E estava livre: a língua pendurada fora da boca, a boca tão aberta que dava para ver seus dentes muito brancos. Ela estava em um campo com flores roxas. Meus olhos se abriram, ainda apertados, e meu corpo relaxou. Eu tinha parado de chorar. Não sei quando, mas eu havia parado. Respirei fundo. Estava conseguindo respirar.

O ônibus para Manhattan só ia partir dali algumas horas. Minhas coisas estavam todas guardadas no carro alugado e fiquei pensando no que faria em seguida. A ideia de comer outro sanduíche de lagosta ou mais um donut do Congdon's me dava vontade de vomitar. Eu não sentia fome nem sede. Não queria falar com ninguém. Não queria escrever. Não queria fazer nada. Como eu começaria meu próximo capítulo sem Gizelle? E, ao olhar para o mar e sua tranquilidade, ficou claro: eu precisava voltar para aquilo que eu fazia melhor, que para mim era natural, a única coisa entranhada no meu corpo que me fazia sentir eu mesma. Retornei para o carro.

Dirigi pela costa para encontrar um lugar para estacionar. Ainda havia pelos de cachorro no meu porta-copos, e toda hora eu checava o espelho retrovisor para ver Gizelle no banco de trás. Mas ela não estava lá, somente as evidências de nossas aventuras sobre o porta-copos. Continuei dirigindo. Parei em uma vaga no estacionamento de um hotel, vesti outro par de leggings e um casaco e calcei meus tênis de corrida. Quando saí,

MINHA VIDA COM UMA AMIGA DE QUATRO PATAS

eu era a única pessoa no estacionamento vazio. Fazia um frio terrível, mas com sol. Não percebi isso na hora, mas sozinha na praia naquele dia eu consegui o que queria: estava viajando sozinha. Totalmente só. Em algum lugar no litoral da Nova Inglaterra, a mais de mil e quinhentos quilômetros do Tennessee e a quinhentos quilômetros de Manhattan. E Gizelle tinha me levado até ali. *Era isso que você queria, menina?*, pensei. Olhando para o meu Asics, sabendo exatamente o que ela queria.

Eu corri.

Corri até a praia vazia, e o ar gelado passou direto pelas duas leggings e pelas luvas. Estava tão frio que doía, mas aquela dor acabava com a dor no meu peito por alguns instantes. Era como se o vento frio penetrasse a minha pele e entrasse pelos meus ouvidos indo até os pulmões e afastasse a tristeza e a dor. Prometi a mim mesma que correria um quilômetro e meio. Não era muito. Claro, o vento lancinava o meu rosto, o ar frio arrancava mais lágrimas dos meus olhos secos, e a areia escorregava sob os meus pés. Mas, se conseguisse correr aquela distância, o que mais eu conseguiria fazer?

Imaginei o que seria preciso para percorrer o último quilômetro de uma maratona, o quadragésimo segundo quilômetro, quando você está muito cansado e não quer prosseguir. Você não sabe ao certo se vai conseguir, mas continua pondo um pé na frente do outro, e precisa acreditar que conseguirá, porque, no momento em que pensar que não, você não será capaz de continuar. Mas, uma vez que se convence de que vai conseguir, seguirá correndo mesmo que seja difícil, e é aí que a mágica acontece. Quase como se alguma força suprema de reserva surgisse e dissesse: *Pode deixar, vou correr este quilômetro por você.* E, quando se dá conta, você está correndo ainda mais rápido, quando nunca poderia ter imaginado que correr tão rápido fosse humanamente possível, mais rápido do que jamais pensou que conseguiria. É mágico.

Senti algo parecido naquele dia na praia. Correr um quilômetro e meio mesmo sendo difícil. Correr um quilômetro e meio quando eu estava

CORRA

devastada. Correr um quilômetro e meio para provar a mim mesma que eu podia seguir em frente, mesmo quando as coisas não eram fáceis. E foi aí que a mágica aconteceu. Quando cheguei ao fim da minha corrida na praia vazia naquele dia, olhei para os meus pés e lá na areia havia um rastro de enormes pegadas de cachorro.

Epílogo

Leve com você

MINHA VIDA COM UMA AMIGA DE QUATRO PATAS

Depois que Gizelle morreu, Caitlin veio visitar a mim e a Rebecca em nosso novo apartamento na Avenue C, no East Village. Estávamos no fim de janeiro — fazia um tempo frio e triste em Manhattan. Nós nos embrulhamos em casacos iguais (nunca digam que não éramos gratas pelo período em que trabalhei na Gap) e fomos andando até um restaurante francês acolhedor chamado Lucien, que nos leva para o 7º Arrondissement por uma noite. Começou a nevar quando estávamos atravessando a 4th Street. Delicados flocos de neve caíam do céu de inverno e pareciam desaparecer logo antes de tocar o chão. Eles flutuavam ao nosso redor enquanto falávamos sobre como sentíamos saudades de Gizelle, como ela ficava linda na neve com sua pelagem tigrada.

— É estranho — eu disse. — Sinto como se ela estivesse por perto o tempo todo. Agora mesmo estou sentindo a presença dela, caminhando com a gente.

Estiquei o braço no ar como se segurasse uma coleira, imaginando-a ali nos seguindo para comer *steak frites* e mexilhões com vinho tinto naquela noite fria de inverno em Nova York. Ela ia apoiar a cabeça na mesa e sorrir para nós.

— Eu sinto isso também — acrescentou Caitlin. — Ela com certeza está por perto. Mas quer saber? Sabe o que realmente me faz lembrar de Gizelle?

Tirei meu gorro para sentir a neve de Manhattan na cabeça, e foi então que Caitlin disse algo que nunca vou esquecer.

— Você, Lauren. Você me faz lembrar da Gizelle.

Eu sorri com lágrimas nos olhos.

— Quando estou com você, sinto que estou com ela.

Pus a palma da mão sobre o meu coração e soube que era ali que Gizelle vivia agora. Bem dentro de mim para levar aonde eu fosse.

Eu estava escrevendo este livro quando minha mãe me ligou da clínica de reabilitação, em um rancho em algum lugar do Tennessee:

— Oi, querida — disse ela.

EPÍLOGO

Ela só tinha sete minutos para falar ao telefone. Dava para ouvir o cronômetro do outro lado da linha.

— Oi, mãe.

Fiquei um pouco tensa e respirei fundo. Tínhamos nos visto apenas uma vez no último ano e eu não falava com ela havia meses. Me perguntei qual versão da minha mãe estaria do outro lado da linha. Eu não confiava nela e ainda lutava para entender seu vício, ainda tentava lidar com os altos e baixos das minhas tentativas de ter um relacionamento com ela — ou de não ter um relacionamento com ela.

— Este lugar é maravilhoso — comentou minha mãe. — Tem tantos cães aqui. Eles me seguem aonde eu vou, Fernie. Acordo às cinco e meia da manhã, antes de todo mundo, para dar um passeio pela fazenda, e te digo uma coisa: esses cachorros esperam por mim! Esperam na minha porta. Eu quero muito levar um deles para casa. Mas sei que ainda não posso.

Soltei a respiração.

— Que legal, mamãe.

— Tem uma cachorrinha aqui chamada Dixie — continuou ela, empolgada. — Quando a gente põe a mão assim e diz *POW!* ela vira de costas e rola. É hilário! Dixie é muito inteligente. — Ela ficou mais séria. — Eu converso com Dixie. Ela me escuta.

Não tenho dúvidas de que Dixie escutava minha mãe, como ela afirmou. E pensar em Dixie ouvindo minha mãe, amando minha mãe, amando todas as pessoas na clínica de reabilitação, ignorando seus passados ou as lutas diárias que enfrentavam, foi o suficiente para me fazer chorar. Tomei fôlego outra vez e voltei a me concentrar em nossa conversa. A maior parte dos nossos sete minutos de conversa, com seis meses de atraso, girou em torno dos cachorros da clínica. E foi o suficiente.

Houve uma época em que eu desejava para minha mãe coisas que ela nunca desejaria para mim. *Tranquem-na! Castiguem-na! Mandem-na embora para sempre!* Eu nunca percebia que a única pessoa que sofria com esses pensamentos e ressentimentos era eu. Então tentei uma abordagem diferente: amar a mamãe. Descobri que me permitir amá-la é muito mais fácil — para todos, inclusive para mim — do que sentir raiva. Amá-la

MINHA VIDA COM UMA AMIGA DE QUATRO PATAS

não significa que eu precise correr para os braços dela. Amá-la quer dizer que posso amá-la a distância. Posso me afastar. Vou ficar no meu canto. Mas sempre vou amá-la, esteja ela sóbria ou não. Confiarei nos cachorros nesse caso: o amor funciona melhor quando é dado sem impor condições. Então farei o meu melhor para amar minha mãe sem impor uma condição. Tentarei limitar minhas exigências a ela, vou rezar por ela, deixá-la, e confiar que ela sempre fez o melhor que podia.

Aprendi que sou uma pessoa mais feliz se não carrego as mágoas que já senti em relação à minha mãe. Às vezes imagino meu coração como a mala de mão que sonho em levar ao redor do mundo. Não há espaço suficiente para tudo nela. Então devo escolher com cuidado, com sabedoria. Eu poderia guardar nela a dor que senti no passado, especialmente em relação à minha mãe. Poderia enfiar todas essas mágoas na minha mala e arrastá-las comigo nas minhas aventuras — mas é peso demais para carregar. E eu realmente espero que ninguém carregue as minhas falhas e os meus erros por aí, permitindo o tempo todo que afetem a qualidade de suas próprias aventuras. Então procuro levar comigo as coisas que eu mais amo na minha mãe — seu espírito extravagante e pueril, sua atitude positiva, seu amor pelos animais, seu amor por mim. O fato de que foi ela quem me deu Gizelle, e Gizelle me protegeu. Gizelle era minha melhor amiga.

Enquanto eu escrevia este livro, sempre senti que Gizelle estava por perto, aos meus pés ou apoiando o focinho no meu computador. Sinto uma saudade terrível dela, mas sempre que isso acontece eu ponho a mão no coração e sei que minha filhotona ainda me acompanha aonde vou. E se eu conseguir me comportar como Gizelle, minha cachorra gigante com um sorriso largo e bonito e um coração maior ainda, terei feito tudo certo. Se conseguir encontrar uma maneira de viver minha vida com o espírito e o amor incondicional que Gizelle me mostrou, terei feito tudo certo. Com a capacidade de viver o agora, de aproveitar as pequenas coisas e encarar todos os dias como um novo começo, uma nova aventura, não importa onde eu esteja no mundo ou quais sejam minhas batalhas. Sim, viver com o amor incondicional e o espírito livre de um cachorro — esse seria o sonho.

Agradecimentos

Em uma tentativa de não sair do tema "listas", fiz uma lista de pessoas (e animais) que ajudaram a tornar este sonho uma realidade. Muitas pessoas me auxiliaram enquanto eu escrevia, editava ou vivia esta história, e eu gostaria de expressar minha mais sincera gratidão a todas.

• À cachorra que tornou tudo isso possível: minha melhor amiga, Gizelle. Eu sempre soube que você viveria em meu coração eternamente, mas nunca poderia ter imaginado que poderia compartilhar você com outras pessoas.

• A meu agente incrível, David Doerrer. Obrigada por ter sido a primeira pessoa a acreditar em mim e nessa história, antes que eu mesma soubesse o que seria. Obrigada a Steve Ross e a todo o pessoal da Abrams.

• A Karyn Marcus, por editar este livro e pelo incentivo e pela paciência sem fim. Obrigada por enxergar algo em mim e por me ensinar a não usar tantos pontos de exclamação.

• A Christine Pride, por mergulhar de cabeça com seu olhar de especialista e nos levar até a linha de chegada.

• A Sydney Morris, por responder a todas as minhas perguntas com entusiasmo e me ajudar a selecionar só algumas entre as milhares de fotos de Gizelle.

• A todos na Simon & Schuster, por acreditarem em Gizelle e me darem uma chance, especialmente Jonathan Karp, Richard Rhorer, Dana Trocher e Elizabeth Gay.

• Ao meu pai, por sua paciência e seu amor. Obrigada por sempre tratar meus sonhos como se fossem seus e por me dar um teto enquanto eu escrevia este livro. LOL.

• A Tripp; você é a pessoa mais esforçada e engraçada que conheço e eu te amo.

AGRADECIMENTOS

• A Erisy; eu tenho muita sorte de ter uma irmã mais nova que admiro tanto. Você me faz uma pessoa melhor.

• À minha cunhada, Jenna, que é muito mais que uma cunhada. Não sei o que eu faria sem você.

• À minha Rebecca, por sempre me escutar e me lembrar de que está tudo bem. Acho que dessa vez nós acertamos.

• À minha avó, Joy Hafner Bailey (também conhecida como Gandy/Twerp), você é a razão de eu ter começado a escrever. Eu te amo demais, demais.

• À tia Poopers, por sua honestidade.

• À tia KK, por ter sido minha primeira leitora e a primeira a comprar meu livro na pré-venda (e por todo o resto).

• À tia Laurie, por ser a maior fã de Gizelle.

• À tia Lele, por sempre me ajudar.

• A Paula, por ter sido a primeira a ler meu primeiro capítulo.

• À família Straney, pelo apoio e por amarem Gizelle como se ela fosse de vocês.

• A Katie e James (e seu mastim, Toby *G*), obrigada por cuidarem de Gizelle com tanto amor, por terem descoberto o método perfeito para dar os comprimidos a ela e por todo o apoio que me deram.

• A Kimmy, obrigada pelas festas dançando Michael Jackson no Central Park e por sempre subir nos elevadores da Times Square comigo só por diversão. Obrigada por cuidar de mim e de Gizelle.

• À família Beesley, por sua ajuda com Gizelle e com a nossa mudança para Nova York.

• Às tias e aos tios preferidos de Gizelle em Nova York, que fizeram muita coisa por nós:

> Elan e Ashley (e Nacho, que Gizelle sente muito por nunca ter conhecido)
> Maggie, Alex e Moxie Waffles Berman
> Danielle Owen
> Lucy Ballantyne

AGRADECIMENTOS

• A Cullen Thomas, por ajudar aquela garota da sua turma de escrita de memórias que enviou um e-mail desesperado em uma manhã de sábado porque a história dela tinha viralizado e ela não sabia o que fazer. Obrigada por ter sido o primeiro a me dizer que a minha história valia a pena e que eu era capaz de fazer isso.

• À minha melhor amiga do ensino médio, Kelley, e seu irmão Mitch, que perderam sua linda mãe, Patti Strange, cedo demais. Kelley, sua força é uma inspiração para mim.

• A Meghan e à família Meehan.

• A Lara Alameddine e Daniel Dubiecki, obrigada por manter a mim e a Gizelle debaixo das suas asas e por me darem a oportunidade de levar nossa história para as telonas.

• A todo mundo da OddLot Entertainment, especialmente Rachel Shane e GiGi Pritzker.

• A Andy Cochran.

• Ao meu agente de cinema, Brad Rosenfeld, por tornar isso possível.

• A Mark Turner, por seu amor pelos cachorros.

• A Norman Dwek, por compartilhar sua casa comigo.

• Obrigada a todas as pessoas maravilhosas que me escreveram, me adicionaram ou compartilharam a história da lista de desejos de Gizelle em janeiro de 2015, e obrigada a todos os cães que os inspiraram a fazer isso. Vocês mudaram a minha vida.

• A Pamela Ann Brummet (e Jackson, seu amado filhote), uma gentil desconhecida e artista de talento que me enviou o mais belo retrato de Gizelle.

• Aos grupos sobre mastins ingleses no Facebook, em especial o grupo "Drool is Cool". Escrever um livro sobre Gizelle sem a presença dela às vezes era muito triste, mas sempre que passava pelos posts no grupo do Facebook eu encontrava todo o amor de mastim de que precisava. Vocês são os melhores donos de cachorro que conheço.

• À minha nova cachorra adotada, Bette. Você está mastigando meu braço neste momento e me atrapalhando enquanto digito, e às vezes dá para jurar que você é metade tubarão, mas eu te amo. Obrigada por preencher esse espaço no meu coração e por me ensinar a ser paciente.

AGRADECIMENTOS

• Por último, e acima de tudo, obrigada à minha querida mamãe. Mãe, obrigada pelo seu amor e generosidade. Eu te amo. Sinto sua falta. Todo dia rezo para que você tenha um bom dia. Espero que saiba como você é maravilhosa.

• A todos os que lutam contra o vício, espero que vocês encontrem a luz que existe fora de todo esse caos e descubram muitas coisas pelas quais possam se sentir gratos.

Este livro foi composto na tipografia Adobe
Garamond Pro, em corpo 11,5/16,2, e impresso em
papel off-white no Sistema Cameron da Divisão
Gráfica da Distribuidora Record.